中国社会科学院国情调研特大项目"精准扶贫精准脱贫百村调研"

精准扶贫精准脱贫百村调研丛书

CASE STUDIES OF TARGETED POVERTY REDUCTION AND
ALLEVIATION IN 100 VILLAGES

李培林／主编

精准扶贫精准脱贫
百村调研·孙家湾村卷

线上陇南助力扶贫攻坚

陈　方／著

社会科学文献出版社
SOCIAL SCIENCES ACADEMIC PRESS (CHINA)

中国社会科学院国情调研特大项目
"精准扶贫精准脱贫百村调研"
项目协调办公室

主　任：王子豪

成　员：檀学文　刁鹏飞　闫　珺　田　甜　曲海燕

总　序

　　调查研究是党的优良传统和作风。在党中央领导下，中国社会科学院一贯秉持理论联系实际的学风，并具有开展国情调研的深厚传统。1988 年，中国社会科学院与全国社会科学界一起开展了百县市经济社会调查，并被列为"七五"和"八五"国家哲学社会科学重点课题，出版了《中国国情丛书——百县市经济社会调查》。1998 年，国情调研视野从中观走向微观，由国家社科基金批准百村经济社会调查"九五"重点项目，出版了《中国国情丛书——百村经济社会调查》。2006 年，中国社会科学院全面启动国情调研工作，先后组织实施了 1000 余项国情调研项目，与地方合作设立院级国情调研基地 12 个、所级国情调研基地 59 个。国情调研很好地践行了理论联系实际、实践是检验真理的唯一标准的马克思主义认识论和学风，为发挥中国社会科学院思想库和智囊团作用做出了重要贡献。

　　党的十八大以来，在全面建成小康社会目标指引下，中央提出了到 2020 年实现我国现行标准下农村贫困人口脱贫、贫困县全部"摘帽"、解决区域性整体贫困的脱贫攻坚目标。中国的减贫成就举世瞩目，如此宏大的脱贫目标世所罕见。到 2020 年实现全面精准脱贫是党的十九大提出的三大攻坚战之一，是重大的社会目标和政治任务，中国的贫困地区在此期间也将发生翻天覆地的变化，而变化的过程注定不会一帆风顺或云淡风轻。记录这个伟大的过程，总结解决这个世界性难题的经验，为完成这个攻坚战献计献策，是社会科学工作者应有的责任担当。

2016 年，中国社会科学院根据中央做出的"打赢脱贫攻坚战"战略部署，决定设立"精准扶贫精准脱贫百村调研"国情调研特大项目，集中优势人力、物力，以精准扶贫为主题，集中两年时间，开展贫困村百村调研。"精准扶贫精准脱贫百村调研"是中国社会科学院国情调研重大工程，有统一的样本村选择标准和广泛的地域分布，有明确的调研目标和统一的调研进度安排。调研的 104 个样本村，西部、中部和东部地区的比例分别为 57%、27% 和 16%，对民族地区、边境地区、片区、深度贫困地区都有专门的考虑，有望对全国贫困村有基本的代表性，对当前中国农村贫困状况和减贫、发展状况有一个横断面式的全景展示。

在以习近平同志为核心的党中央坚强领导下，党的十八大以来的中国特色社会主义实践引导中国进入中国特色社会主义新时代，我国经济社会格局正在发生深刻变化，脱贫攻坚行动顺利推进，每年实现贫困人口脱贫 1000 多万人，贫困人口从 2012 年的 9899 万人减少到 2017 年的 3046 万人，在较短时间内实现了贫困村面貌的巨大改观。中国社会科学院组建了一百支调研团队，动员了不少于500名科研人员的调研队伍，付出了不少于3000个工作日，用脚步、笔尖和镜头记录了百余个贫困村在近年来发生的巨大变化。

根据规划，每个贫困村子课题组不仅要为总课题组提供数据，还要撰写和出版村庄调研报告，这就是呈现在读者面前的"精准扶贫精准脱贫百村调研丛书"。为了达到了解国情的基本目的，总课题组拟定了调研提纲和问卷，要求各村调研都要执行基本的"规定动作"和因村而异的"自选动作"，了解和写出每个村的特色，写出脱贫路上的风采以及荆棘！对每部报告我们都组织了专家评审，由作者根据修改意见进行修改，直到达到出版要求。我们希望，这套丛书的出版能为脱贫攻坚大业写下浓重的一笔。

中共十九大的胜利召开，确立习近平新时代中国特色社会主义思想作为各项工作的指导思想，宣告中国特色社会主义进入新时代，中央做出了社会主要矛盾转化的重大判断。从现在起到2020年，既是全面建成小康社会的决胜期，也是迈向第二个百年奋斗目标的历史交会期。在此期间，国家强调坚决打好防范化解重大风险、精准脱贫、污染防治三大攻坚战。2018年春节前夕，习近平总书记到深度贫困的四川凉山地区考察，就打好精准脱贫攻坚战提出八条要求，并通过脱贫攻坚三年行动计划加以推进。与此同时，为应对我国乡村发展不平衡不充分尤其突出的问题，国家适时启动了乡村振兴战略，要求到2020年乡村振兴取得重要进展，做好实施乡村振兴战略与打好精准脱贫攻坚战的有机衔接。通过调研，我们也发现，很多地方已经在实际工作中将脱贫攻坚与美丽乡村建设、城乡发展一体化结合在一起开展。可以预见，贫困地区的脱贫攻坚将不再只局限于贫困户脱贫，我们有充分的信心从贫困村发展看到乡村振兴的曙光和未来。

是为序！

全国人民代表大会社会建设委员会副主任委员

中国社会科学院副院长、学部委员

2018 年 10 月

前　言

从 20 世纪 80 年代开始，我国就开始了有计划的系统扶贫工作，经过 30 多年的奋斗，我国扶贫工作取得了举世瞩目的成就。尤其是党的十八大之后，我国扶贫工作的力度持续加大。与此同时，电子商务作为战略性新兴产业的重要组成部分，对扩消费、稳增长、调结构、促转型、增就业、惠民生具有重要作用，是经济社会发展的重要引擎，对实现贫困地区经济的根本性变革具有重要意义。"电子商务＋精准扶贫"将成为贫困地区发展后发赶超的重要抓手，推进实施"电子商务＋精准扶贫"，充分发挥电子商务在贫困地区资源配置中的有效功能，推动各类资源向困难群众集结，通过产业扶贫、创业扶贫、用工扶贫、技能扶贫等多种模式，实现贫困地区人口快速、精准、有效的脱贫致富，成为社会经济发展的新源泉和原动力。

地处秦巴山集中连片特困地区的陇南市，是甘肃省贫困面积最大、贫困人口最多、贫困程度最深的市，是全国全省脱贫攻坚的主战场。2014 年底，陇南市被国务院扶贫办确定为全国唯一的电商扶贫试点，陇南市先后在 9 个县

（区）1365 个建档立卡村中选择确定了 750 个贫困村开展电商扶贫试点工作，探索形成了"一店带一村"等多种网店带贫模式，初步形成了线上线下互动、农户客户直通、增收增智并重的电商扶贫格局，被称为贫困地区电商发展的"陇南模式"。2015 年，陇南市被国务院扶贫办和甘肃省扶贫办确定为电商扶贫试点市，试点工作顺利实施，陇南市也因此荣获了"2015 中国消除贫困创新奖"。2016 年 9 月 24 日，全国电商精准扶贫现场会在陇南召开；10 月 16 日在全国电商精准扶贫论坛上，陇南市被国务院扶贫办授予"电商扶贫示范市"荣誉称号。在国务院第三次大督查中，国务院第十四督查组将陇南市"电商扶贫"的做法列为典型经验。由于"陇南模式"在复制推广上具有可操作性，在带动农民增收上具有广泛性，对农村经济发展具有可持续性，对其他贫困地区有借鉴之处，因此，为深入了解陇南电子商务扶贫的政策体系、战略布局、扶贫模式、主要做法以及实际成效，2017 年，研究团队赴陇南与市电商办和市扶贫办进行了座谈考察，并于孙家湾村开展实地入户访谈。

　　基于文献阅读与实地调研，本研究总结了陇南电商扶贫模式的几个特点。第一，"陇南模式"属于政府推动型，是建立在政府大力扶持基础之上的。陇南市政府不仅将电子商务扶贫纳入扶贫工作战略布局，政府各部门还科学地进行了分工，工商、税务、金融等部门各自出台了相应的配套政策，协同战略布局完成电商扶贫工作，充分发挥电商扶贫作用。第二，陇南电商扶贫规划相对完善，对提升扶贫效果起到关键作用。陇南电商扶贫有完整的机构规划。陇南市打造了市、县（区）、乡（镇）、村四级电商扶贫推进服务体系。基础设施规划和改造为电商扶贫提供先决条件，针对陇南的特色产业规划和政策是农户参与的关键因素，完整的培训体系是电商扶贫可持续进行的保障。第三，陇南各级政府从网络和物流两方面不断强化基础设施建设，为电商扶贫奠定物质基础。第四，提高农户认知水平和技术水平的培训体系为电商扶贫提供智力保障。此外，电子商务本质上是一种营销手段，而基础扎实、有鲜明特色的产业是农村电商发展的基石。陇南自然条件独特，复杂的自然禀赋造就了资源的多样性，天然地构成了发展特色产业得天独厚的优越条件。

目前，陇南电子商务扶贫工作仍存在六方面不足。一是 8 县 1 区发展不平衡，在规划阶段应更加注重区域平衡；二是网络稳定性不够，网速仍需提升；三是民营快递在农村领域仍有较大空白，需扩展多渠道物流体系；四是电子商务规模小，没有形成品牌效应，应加大对外宣传力度，调整经营模式，打造本土品牌支撑农业升级；五是农村居民对互联网及网络购物的认知不足，需加大宣传和培训力度；六是金融服务创新不足，目前，缺乏针对电商的专项信贷产品。

目 录

第一章

农村电子商务和农村电商扶贫

第一节　相关概念及特征

一　农村电子商务

电子商务是指基于互联网等现代信息技术，在网上进行商品买卖的交易活动①。近些年来，许多学者将农村电子商务进行了相关概括和分析。其中，一部分学者聚焦于农业电子商务的研究和分析，指出农业领域的电子商务就是以网络为媒介，利用通信技术、计算机技术、网络技术进行农产品交易的一种模式，包括利用信息化进行农产品产

第一章 ── 农村电子商务和农村电商扶贫

---

① 郑英隆、田莎莎：《基于人力资本理论的信息消费内生增长战略研究》，《福建论坛·人文社会科学版》2014年第5期。

供销的信息更新和发布、农业生产及管理、农产品的网络营销、农产品资金电子支付、产品物流配送和管理及客户关系管理、劳动力输出服务、农业技术支持、医疗卫生服务、娱乐服务等内容，涉及包括政府、涉农个人商户、物流配送中心以及监管机构等在内的不同主体以及参与者①。除了农业电子商务以外，郑英隆、潘伟杰指出农村网民作为农业电商的主要参与者，会将农产品及其加工、购销、配送等相关环节导入电商系统，同时以消费者身份网购各种生活用品，消费信息，也创造信息，也就是说，农村电子商务既包括农业经营行为也包括农户的网上消费行为。②农业领域的电子商务表现出草根创业、作坊式生产、同业集聚和协同性的特征，③而我国农村电子商务消费市场则表现出从众性、周期性、实惠性、炫耀性等特点。④农业电子商务的发展机制是：自下而上和由点到面的发展路径，第三方网络平台是拓展信息化的有力杠杆，农民是农业电子商务的核心主体，需要借助于社会性力量来克服某些节点上存在的发展瓶颈⑤。

农业电子商务可以发挥的作用如下。一是促进农村专

---

① 陈的非：《城镇化背景下农业电子商务潜在风险及对策建议》，《农业经济》2015 年第 1 期。李海平、刘伟玲：《农村电子商务存在的问题与模式创新》，《陕西科技大学学报》2011 年第 2 期。李艳菊：《论我国农业电子商务发展动力机制与策略》，《求索》2015 年第 3 期。

② 郑英隆、潘伟杰：《农村电子商务发展与村民信息消费成长效应》，《福建论坛·人文社会科学版》2015 年第 11 期。

③ 郭承龙：《农村电子商务模式探析——基于淘宝村的调研》，《经济体制改革》2015 年第 5 期。

④ 郑英隆、潘伟杰：《农村电子商务发展与村民信息消费成长效应》，《福建论坛·人文社会科学版》2015 年第 11 期。

⑤ 储新民、李厚廷：《农业电子商务的发展机制——基于"沙集模式"的拓展》，《价格月刊》2013 年第 12 期。

业化分工和农业产业化，这是传统农业向现代农业转变的主要路径之一。农村电子商务可以打破时间和空间的障碍，降低农业生产中的风险、农业产品的交易费用和成本，可以解决农村的信息鸿沟和农产品流通不畅的问题，提高交易速度，促进资金的快速流转，从而提高农业的经济收入。二是可以促进农村剩余劳动力的高效就业，这是中国农村剩余劳动力的重要安置路径之一。三是农业电子商务有利于农村中小企业与国际市场接轨。四是改变农民购买方式，拓展村民消费资料来源，改善农民消费方式，形成消费品种新组合，消费结构上促进信息消费增长和消费升级。五是提高农村居民的文化素质，技术知识从电商企业或网店中溢出。电子商务应用者通过"干中学"获得知识，吸收能力越强，获得的知识也越多，同时引发村民群体学网、上网、用网，增进村民网络经济知识，形成群体知识效应。[①]

二　农村电商扶贫

与传统的救济式扶贫相比，电商扶贫从分类上应归属

---

① 朱君璇：《新农村建设视角下的我国农业电子商务发展策略》，《农业经济》2008 年第 11 期。李海平、刘伟玲：《农村电子商务存在的问题与模式创新》，《陕西科技大学学报》2011 年第 2 期。李厚廷、储新民：《发展农业电子商务的产业障碍及其克服路径》，《价格月刊》2013 年第 11 期。陈的非：《城镇化背景下农业电子商务潜在风险及对策建议》，《农业经济》2015 年第 1 期。陈明泉：《新农村建设视角下农业电子商务风险及防范举措》，《农业经济》2014 年第 7 期。郑英隆、潘伟杰：《农村电子商务发展与村民信息消费成长效应》，《福建论坛·人文社会科学版》2015 年第 11 期。马隽：《农村电子商务发展与农村富余劳动力安置问题研究》，《中国农业资源与区划》2016 年第 2 期。

于开发式扶贫，即在国家必要支持下，利用贫困地区的自然资源和人文资源，进行开发性生产建设，逐步形成贫困地区和贫困户的自我积累和发展能力，主要依靠自身力量解决温饱问题，脱贫致富。

农村电商扶贫模式是电子商务模式中的一项社会服务性的模式概念，[①]即政府及社会各部门企业依靠互联网技术并利用电子商务平台，帮助贫困地区农民销售农特产品及一些旅游商品，帮助农民依托电子商务平台在网上购买所需生产生活资料，进行一些网上交易活动等，并提供信息、技术、资金等一系列服务，以达到提高农民收入、缩小城乡差异，并辐射带动更多的山乡群众发家致富的目的，从而提高贫困地区扶贫效率的一种扶贫模式，电商扶贫的基本内容包括产品的网上销售、生产生活资料购买、农民自主就业创业、网络信息资源共享、社会化服务保障等。[②]农村电商扶贫模式除具有电子商务模式的基本特征外，也有其独有的特征，即多样性和特殊性相结合、营利性和服务性相结合、农村扶贫和电子商务相结合。[③]电商扶贫这种扶贫方式具有市场导向性、资源整合性、市场环境带动性以及促进贫困地区发展的跨越性等特点。[④]

电商扶贫突破贫困区域与微观主体在发展过程中的

---

① 朱家瑞、起建凌：《农村电子商务扶贫模式构建研究》，《农业网络信息》2015年第1期。

② 孙昕、起建凌、谢圆元：《电子商务扶贫问题及对策研究》，《农业网络信息》2015年第12期。

③ 朱家瑞、起建凌：《农村电子商务扶贫模式构建研究》，《农业网络信息》2015年第1期。

④ 孙昕、起建凌、谢圆元：《电子商务扶贫问题及对策研究》，《农业网络信息》2015年第12期。

"发展基础与稀缺资源依赖"的限制，对于传统资源要素与发展方式展开"碎片化"分解基础上的"重构"，有利于实现助贫增收目标。电商扶贫之所以能被作为一个独立的扶贫模式来对待，有两方面原因：一是互联网环境下电商时空经济特征可以有效破解贫困地区发展的"信息鸿沟"与"孤岛效应"；二是农村是扶贫攻坚工作的主战场，将互联网思维与电商基因注入农业，可以助力实现农产品电子商务，盘活农村市场。[1] 电商扶贫引领农民对接市场，为农户提供低成本网络创业条件，使农户实现致富，此外，电商扶贫通过产业化扶贫路径，促进农村经济社会及城乡一体化发展。[2]

第二节　农村电子商务及扶贫模式

一　农村电子商务模式

　　学者从不同的角度将农村电子商务模式进行了分析和归类。韦宏从农业产业集群的角度将农业电子商务分为四种类型，分别是农业信息化服务型、市场联合型、战

---

[1] 郑瑞强、张哲萌、张哲铭：《电商扶贫的作用机理、关键问题与政策走向》，《理论导刊》2016年第10期。

[2] 王全春、周铝、龙蔚、陈骥：《我国农村电商扶贫研究述评》，《电子商务》2017年第3期。

略联盟型以及中介型；而按照发展阶段来划分农业电子商务，可分为以网络营销为主要内容的初级阶段和以电子商务为主要内容的高级阶段。[①] 郭承龙根据村落主营产业发展，将农村电商模式分为自组织模式和产业再造模式。自组织模式是指由当地农民自发组织创业或回乡创业，在淘宝上网销产品，经摸索成功后，迅速带动同村人共同开办网店经营相同产品。产业再造模式是指当地的优势产业在传统市场上面临激烈竞争，正失去原有竞争优势，通过淘宝平台，由以线下业务为主过渡到以线上业务为主要销售方式，重新激活原优势产业活力的交易模式。根据资源依赖性，农村电商模式可分为资源型产业模式和特色产业模式。资源型产业模式是指依赖于当地资源优势，通过第三方交易平台拓展网上销售渠道和开拓新市场的模式。特色产业模式是指当地不具有优势资源，但借助电商平台，打造出具有影响力的产业集群模式。根据网商参与角色，农村电商模式可分为自产自销模式、"订单+网销模式"、"自产+多平台网销"模式以及共生模式。在共生理念指导下，学者提出农村电商模式的共生结构，将农村电商模式划分为寄生模式、非对称模式、偏利模式、对称模式和一体化模式等。郭承龙指出，农村电商模式存在六方面隐患，包括移植性、同质化严重、第三方平台门槛渐高、人才招不到且留不住、发展空间受限以及忽视农业资源禀赋。[②] 周

① 韦宏：《以电子商务推进农业产业集群区域品牌的打造——以苏州休闲农业产业品牌为例》，《农业经济》2014年第3期。
② 郭承龙：《农村电子商务模式探析——基于淘宝村的调研》，《经济体制改革》2015年第5期。

建良从发展动力来源的角度指出，我国主要存在自上而下式和自下而上式两种不同的农村电子商务模式。前者由政府主导、国家投入、通过带有官方背景的机构运营平台开展电商服务；后者由市场引导、社会或用户自己投入、农民自发利用市场化的平台来做电商。纯粹的自上而下式和自下而上式的农村电子商务都在不同程度上将政府的推动与农民自发的草根需求二者对立起来，认为政府外力推动和农民内在需求之间是相互矛盾的。事实上，协调二者的关系，使两者各司其职、相互补充，是农村电子商务健康发展的真正关键所在。①

二 农村电商扶贫模式

王全春等按照典型案例将农村电商扶贫分为四种模式，一是陇南模式，即基层政府主导的电商扶贫模式；二是元阳模式，即地方特色农产品驱动的电商扶贫模式；三是"军埔模式"，即从个体农民自发到政府主导的电商扶贫模式；四是沙集模式，即能人带动电商创业的电商扶贫模式。② 朱家瑞、起建凌指出，电子商务农村扶贫的区域推进模式包括县域带动模式、乡镇推动模式以及整村推进模式。按照电商扶贫平台，农村电商扶贫分为三种，一是公共机构电商扶贫模式。该模式平台易于建立，平台资金

---

① 周建良：《"遂昌模式"农村电子商务发展策略研究》，《电子商务》2016 年第 1 期。

② 王全春、周铝、龙蔚、陈骥：《我国农村电商扶贫研究述评》，《电子商务》2017 年第 3 期。

易于落实，能够快速聚集平台所需要的管理人才队伍，有效克服外部性所导致的电子商务扶贫服务供应不足。但是体制相对僵化，资金压力大，缺乏有效的内部激励机制。二是农业企业电商扶贫模式。该模式主要是指以农业企业为核心，在政府的引导和支持下，联合高等院校、科研院所、相关企业、中介机构等资源组建电子商务农村扶贫服务平台，并实行市场化运作，以为农业企业内部和贫困农民提供有偿电子商务服务的方案。这种模式市场化服务程度高，持续发展能力强，技术创新能力强，但是农业企业建立难度大，农业企业发展受市场影响大，农业企业的营利性和农村扶贫工作的服务性矛盾突出。三是合作社电子商务农村扶贫模式。该模式主要是指合作社处于主导地位，在代表合作社成员利益的基础上，以政府的引导和支持为依托扶持平台建设，以农业电子商务项目为纽带寻求高校、科研院所、中介机构等资源来组建电子商务农村扶贫服务平台，为贫困农村提供电子商务服务的方案。这种模式组织较为稳定，合作社服务程度高，市场接纳度高，但是建设成本高，盈利模式具有不可持续性，技术积累能力不强。[1]

三 发展现状及存在的问题

截至 2016 年 12 月，我国农村网民占比为 27.4%，规

精准扶贫精准脱贫百村调研·孙家湾村卷

---

[1] 朱家瑞、起建凌:《农村电子商务扶贫模式构建研究》,《农业网络信息》2015
年第 1 期。

模为 2.01 亿人，较 2015 年底增加 526 万人，增幅为 2.7%；城镇网民占比 72.6%，规模为 5.31 亿人，较 2015 年底增加 3772 万人，增幅为 7.7%。《中国电子商务报告 2016》显示，2016 年，我国电子商务继续保持平稳发展态势。国家统计局调查显示，2016 年全国电子商务交易额达 26.1 万亿元，同比增长 19.8%；网上零售交易总额达 5.16 万亿元，同比增长 26.2%，我国的世界第一大网络零售市场的地位进一步稳固；农村网络零售交易额 8945.4 亿元，已占全国网络零售额的 17.4%；移动购物在网络购物交易规模中占比达到 70.7%；电子商务及相关产业直接和间接带动就业人数已达到 3700 万。①

目前，我国电子商务扶贫已取得了许多方面的成效，一是电商销售呈井喷态势，电商模式提升了农产品销售量，农业部印发的《全国农产品加工业与农村一二三产业融合发展规划（2016—2020 年）》指出，"2015 年全国有各类涉农电商超过 3 万家，农产品电子商务交易额达到 1500 多亿元。随着互联网技术的引入，涉农电商、物联网、大数据、云计算、众筹等亮点频出，农产品市场流通、物流配送等服务体系日趋完善，农业生产租赁业务、农商直供、产地直销、食物短链、社区支农、会员配送等新型经营模式不断涌现"，此外，该规划还提出了到 2020 年的发展目标，即"力争企业电商销售普及率达到 80%，农产品电子商务交易额达到 8000 亿元，年均增速保

① 商务部官方网站，http://dzsws.mofcom.gov.cn/。

持在 40% 左右"。二是政府对电商扶贫支持力度大,提供了资金保障。三是电商市场体系构建逐步完成,为电商扶贫创造条件。四是电商技术不断完善、信息技术等高新技术不断变革,为农产品加工业和产业融合注入不竭的发展动力,为农民参与电商活动降低门槛。移动互联网、大数据、云计算、物联网等新一代信息技术发展迅猛,以农产品电商、农资电商、农村互联网金融为代表的"互联网 +"农业服务产业迅速兴起。五是电商消费群体壮大,为农产品销售提供了机遇。六是电商交易环境优化,降低了农民从事电商的风险。七是电商的成功为贫困农民参与电商活动提供了经验[1]。

自 2014 年以来,商务部会同财政部等部门以中西部地区为主,在 496 个县开展电子商务进农村综合示范,累计安排中央财政资金 84 亿元。截至 2016 年 6 月底,示范县累计培训超过 120 万人次。截至 2016 年底,累计建设农村电商服务点 40 万个,快递在乡镇的覆盖率达到 80%,农村电商达到 800 多万家,劳动就业人数超过 2000 多万人。扶贫方面,商务部在 2016 年新确定的 240 个电子商务进农村综合示范县中,有 158 个是国家级贫困县。在三年来累计支持的 496 个示范县中,国家级贫困县共有 261 个,占 52.6%。综合示范共带动 12 万户贫困户就业。[2]

许多学者在调研中也发现,目前我国农村电子商务方

① 孙昕、起建凌、谢圆元:《电子商务扶贫问题及对策研究》,《农业网络信息》2015 年第 12 期。

② 商务部《中国电子商务报告 2016》,http://dzsws.mofcom.gov.cn/。

面存在许多问题和瓶颈。一是国外农产品对我国农产品市场带来的压力。二是发展农业电子商务的基础设施不完善，农村互联网普及率低。三是人才匮乏，企业经营者的知识背景不够，从事农业生产的农民文化素质较低、观念落后、对互联网及电子商务的认识和了解不足。四是农产品物流发展滞后。农产品物流难度大，差异性显著，流通效率低下，市场主体发育程度低，农产品流通渠道狭窄，农村物流体系中信息建设滞后，物流理论、专业人才缺乏。五是网络交易缺少必要的信用环境，交易安全方面仍需改进。六是农村电商发展缺乏社会的关注度和重视度，农村居民电子商务意识淡薄。七是农产品的标准化建设体系及农业信息服务体系不健全。八是电子商务网站增多，但质量不高，涉农网站缺乏特色，未形成品牌。九是农村消费主体分散，消费规模小，物流配送难成为农村电商发展阻碍。十是当前我国农村电商政策工具的运用方面依然存在一些问题，包括政策工具的应用存在结构性失衡问题，农村电商政策配套措施有待完善，以及部分政策工具应用存在不科学、不协同的问题等。①

电商扶贫方面也存在许多亟待调整和改善的方面，一

① 陈勇：《现代物流发展与我国农村物流体系的重构》，《农业经济问题》2006年第4期。李海平、刘伟玲：《农村电子商务存在的问题与模式创新》，《陕西科技大学学报》2011年第2期。张晓燕：《美日两国农业电子商务发展的经验与启示》，《经济纵横》2011年第9期。陈的非：《城镇化背景下农业电子商务潜在风险及对策建议》，《农业经济》2015年第1期。李艳菊：《论我国农业电子商务发展动力机制与策略》，《求索》2015年第3期。刘雯：《关于电子商务推动我国农村消费市场发展研究》，《农业经济》2015年第11期。任晓鸿：《电子商务背景下农村小微企业发展策略探讨》，《农业经济》2016年第2期。钮钦：《中国农村电子商务政策文本计量研究——基于政策工具和商业生态系统的内容分析》，《经济体制改革》2016年第4期。

是贫困地区农业产业化水平低；二是受农产品本身特点的制约，农产品特色不突出；三是农村电商融资困难，电商扶贫资金不到位；四是贫困农民参与电商活动积极性低，电商人才匮乏；五是政府推行扶贫政策不完善，政策针对性不强；六是贫困地区基础设施薄弱，包括道路状况差、物流发展滞后、网络覆盖面窄等。①

① 孙昕、起建凌、谢圆元:《电子商务扶贫问题及对策研究》,《农业网络信息》2015年第12期。卢迎春、任培星、起建凌:《电子商务扶贫的障碍分析》,《农业网络信息》2015年第2期。

第二章

农村电子商务政策及陇南电商
扶贫工作战略布局

第一节 政策梳理

一 国家政策

我国政府高度重视农村电子商务发展，在 2015 年相关政策密集出台的基础上，2016 年党中央、国务院及其各部委累计出台相关政策文件 40 余个，基本完成了我国农村电子商务的顶层设计和配套政策部署。2014~2016 年，连续三年的中央一号文件均明确提出发展农村电子商务。

2014 年的全国扶贫工作会议正式将电商扶贫纳入国家扶贫的主流政策体系。2015 年，《中共中央国务院关于打赢脱贫攻坚战的决定》明确提出，将电子商务扶贫作为实现 2020 年全面脱贫的重要扶贫手段、精准扶贫的重要载体。

2015 年 2 月出台的中央一号文件提出，加快农业现代化建设，强化农业科技创新的驱动作用，创新农产品流通方式，支持电子商务、商贸、物流、金融等企业参与涉农电子商务平台建设。国务院《关于大力发展电子商务加快培育经济新动力的意见》进一步提出，到 2020 年，统一开放、竞争有序、诚信守法、安全可靠的电子商务大市场基本建成。电子商务与其他产业深度融合，成为促进创业、稳定就业、改善民生服务的重要平台，对工业化、信息化、城镇化、农业现代化同步发展起到关键作用。加强互联网与农业农村融合发展，引入产业链、供应链、价值链等现代管理理念和方式，发展农村电子商务，中央财政将拿出 20 亿元专项资金用于农村电子商务基础设施建设。

2015 年 5 月《关于加快高速宽带网络建设推进网络提速降费的指导意见》提出，2015 年将在 1 万个行政村开展光纤到村建设，95% 以上的行政村通固定或移动宽带。与此同时，农业部提出加快信息进村入户试点，每个行政村至少建设 1 个村级信息服务站。要加快完善以宽带为重点内容的电信普遍服务补偿机制，加快农村宽带基础设施建设。结合无线电频率占用费统筹使用，发挥中央财政资金引导作用，持续支持农村及偏远地区宽带网络建设和运行维护，推进电信普遍服务工作。

2015 年 7 月，国务院《关于积极推进"互联网+"行动的指导意见》专题部署了"互联网+"现代农业的重点发展领域，并提出利用互联网提升农业生产、经营、管理和服务水平，培育一批网络化、智能化、精细化的现代"种养加"生态农业新模式，形成示范带动效应，加快完善新型农业生产经营体系，培育多样化农业互联网管理服务模式，逐步建立农副产品、农资质量安全追溯体系，促进农业现代化水平明显提升。该项政策从构建新型农业生产经营体系、发展精准化生产方式、提升网络化服务水平、完善农副产品质量安全追溯体系四个方面对发展新型农业进行了指导和规范。

2015年8月，商务部等19个部门发布了《关于加快发展农村电子商务的意见》，文件明确提出将电子商务纳入扶贫开发工作体系。计划到2020年，对有条件的建档立卡贫困村实现电商扶贫全覆盖，并从提升农村电子商务应用水平、培育多元化农村电子商务市场主体、加强农村电子商务基础设施建设、创建农村电子商务发展的有利环境等几个方面指明了农村电商的未来发展方向。在扶贫方面，具体要求是提高电子商务扶贫开发水平，主要从提升交通物流和网络通信水平、增强利用电商创业和就业的能力、推动特色产业发展、鼓励引导电商企业开辟网上销售平台等几方面入手。国务院办公厅于2015年10月发布了《关于促进农村电子商务加快发展的指导意见》，提出农村电子商务是转变农业发展方式的重要手段，是精准扶贫的重要载体，到2020年，初步建成统一开放、竞争有序、诚信守法、安全可靠、绿色环保的农村电子商务市场体系，农村电子商务与农村一、二、三产业深度融合，在推动农民创业就业、开拓农村消费市场、带动农村扶贫开发等方面取得明显成效。中共中央、国务院于2015年11月29日发布了《中共中央 国务院关于打赢脱贫攻坚战的决定》，指出，精准扶贫成为扶贫攻坚战的重要方略，并提出实施电商扶贫工程。

2016年1月，国务院发布《关于落实发展新理念加快农业现代化实现全面小康目标的若干意见》，文件加大对"农村电商"的关注力度，并从"互联网+"现代农业、"建立农产品信息共享平台"、"加强农产品流通设施和市场建设"、"推动金融资源更多向农村倾斜"四个方面对农村电子商务发展方向加以引导，并提出鼓励大型电商平台企业开展农村电商服务，支持地方和行业健全农村电商服务体系。建立健全适应农村电商发展的农产品质量分级、采后处理、包装配送等标准体系。深入开展电子商务进农村综合示范。

2016年4月，《"互联网+"现代农业三年行动实施方案》出台，明确了未来三年的总体目标——到2018年，农业在线化、数据化取得明显进展，管理高效化和服务便捷化基本实现，生产智能化和经营网络化迈上新台阶，城乡"数字鸿沟"进一步缩小，"大众创业、万众创新"的良好局面基本形成，有力支撑农业现代化水平明显提升。具体而言，一是大力推进物联网在农业生产中的应用，农业生产经营进一步提质增效；二是农业管理进一步高效透明，农业资源管理、应急指挥、行政审批和综合执法等基本实现在线化和数据化，建成国家和省级农业农村大数据中心，初步建成农副产品质量安全追溯公共服务平台；三是信息进村入户，村级服务站建设覆盖到全国行政村总数的一半以上，农业服务进一步便捷普惠。

2016年10月，中央网信办、国家发展改革委、国务院扶贫办联合发文《加快实施网络扶贫行动》，将网络扶贫的目标定为实施"网络覆盖工程、农村电商工程、网络扶智工程、信息服务工程、网络公益工程"五大工程。实施农村电商工程，具体要"大力发展农村电子商务""建立扶贫网络博览会""推动互联网金融服务向贫困地区延伸"。[1]2016年11月，国务院扶贫办等16个部门联合发布《关于促进电商精准扶贫的指导意见》，提出"政府引导、市场主导；多元平台、突出特色；先易后难、循序渐进；社会参与、上下联动；鼓励创新、典型引路"的原则。该项政策还对电商扶贫提出了具体目标。即加快实施电商精准扶贫工程，逐步实现对有条件的贫困地区的三重全覆盖：一是对有条件的贫困县实现电子商务进农村综合示范全覆盖；二是对有条件发展电子商务的贫困村实现电商扶贫全覆盖；三是第三方电商平台对有条件的贫困县实现电商扶贫全覆盖。贫困县形成较为完善的电商扶贫行政推进、公共服务、配套政策、网货供应、物流配送、质量标准、产品溯源、人才培养等体系。到2020年，在贫困

---

[1]　王旭杰：《宁夏电商扶贫政策发展路径研究》，《宁夏社会科学》2017年第S1期。

村建设电商扶贫站点6万个以上，占全国贫困村50%左右；扶持电商扶贫示范网店4万家以上；贫困县农村电商年销售额比2016年翻两番以上。

2016年7月，商务部颁布《农村电子商务服务规范（试行）》，就县级人民政府建设农村电子商务公共服务体系提出了6个方面的具体建议，包括县级农村电子商务公共服务中心、农村电子商务培训体系、农村电子商务物流体系、农产品电子商务供应链管理体系、农村电子商务营销体系和农村电子商务服务站体系，并对功能、建设和服务等要求进行了系统阐述。同时，商务部印发的《农村电子商务工作指引（试行）》，指出农村电子商务工作的主要内容包括建设新型农村日用消费品流通网络，加快推进农村产品电子商务，鼓励发展农业生产资料电子商务，大力发展农村服务业和提高电子商务扶贫开发水平。

规划方面，2016年12月，商务部、中央网信办、国家发展改革委三部门联合发布了《电子商务"十三五"发展规划》，提出了"十三五"时期建设电子商务发展框架的五大任务，包括加快电子商务提质升级，全方位提升电子商务市场主体竞争层次；推进电子商务与传统产业深度融合，全面带动传统产业转型升级；发展电子商务要素市场，推动电子商务人才、技术、资本、土地等要素资源产业化；完善电子商务民生服务体系，使全体人民在电子商务快速发展中有更多的获得感；优化电子商务治理环境，积极开展制度、模式和管理方式创新。2016年11月，农业部出台《全国农产品加工业与农村一、二、三产业融合发展规划（2016—2020年）》，提出新的目标，即到2020年农产品电子商务交易额将达到8000亿元，年均增长保持在40%左右。商务部印发了《全国电子商务物流发展专项规划（2016—2020年）》，提出要积极推进电商物流渠道下沉，支持电商物流企业向中小城市和农村延伸服务网络。结合农村产业特点，推动物流企业深化与各类涉农机构和企业合作，培育新型农村电商物流主体。充分利用"万村千乡"、邮政等现有物流渠道资源，结合电子商务进农村、信息进村入户、快递"向西向下"服务拓展工程、农村扶贫等工作，构建质优价廉产品流入、特色农产品流出的快捷渠道，形成"布局合理、双向高效、种类丰富、服务便利"的农村电商物流服务体系。此外，要结合新型城镇化建设，依托电子商务进农村等工程，整合县、乡镇现有流通网络资源，发展农村电商物流配送体系。鼓励电子商务企业、大型连锁企业和物流企业完善农村服务网点，发挥电商物流在工业品下乡和农产品进城的双向流通网络构建中的支撑作用。支持建立具备运营服务中心和仓储配送中心（商品中转集散中心）功能的县域农村电子商务服务中心，发展与电子交易、网上购物、在线支付协同的农村物流配送服务。

钮钦对政策进行分析后指出，从数量上来看，环境型政策工具以绝对优势占比最多，供给型政策工具的比例适中，而需求型政策工具的占比微乎其微。整体来看，现有的扶持更多地使用了环境型政策工具，这符合我国农村电商发展的现实，也表明政府更倾向于通过改善农村电商发展的软硬件生态环境来培育农村电商生态系统。[①]

二 地方政策

2015 年 4 月 7 日，陇南市扶贫攻坚行动协调推进领导小组发布了《关于电商扶贫试点工作的实施意见》（以下简称《实施意见》）。

2015 年 3 月 27 日，陇南市委办公室发布了《陇南市电商扶贫试点工作方案》，指出，要按照"政府主导、分级负责，立足基层、以点带面，政策扶持、依托市场，社会参与、整体联动"的基本要求，把电商扶贫作为一个系统工程来谋划，通过试点，建立完整的电商扶贫行政推进体系、网店服务体系、网货供应体系、网络物流体系、人才培养体系和考核评价体系，健全完善特色产业开发、包装加工、网货供应、快递物流、网上营销等贫困乡村电商扶贫产业链，提高电子商务在贫困乡村的普及程度和应用水平，提高贫困乡村农产品网上交易量，探索出一条适应新形势新任务的电商扶贫路子。工作方案包括六个部分，一是建立电商扶贫行政推进体系。在市、县（区）、乡（镇）、村成立电商扶贫领导机构和工作机构，层层组建电商协会，专门负责电商扶贫的政策制定、顶层设计、协调指导、工作推进、检查考核等。加强与国家和省上有关

---

① 钮钦：《中国农村电子商务政策文本计量研究——基于政策工具和商业生态系统的内容分析》，《经济体制改革》2016 年第 4 期。

部门、国内电商企业、研究机构、新媒体等方面的沟通联系，争取各方面的支持和帮助。驻村工作队要全程参与电商扶贫试点，负责指导、帮助试点方案的实施。二是建立电商扶贫网店服务体系。扶持 1 个市级电商扶贫产业孵化园，建立 9 个县（区）电商扶贫综合服务中心。在试点乡镇建立电商扶贫服务站，每个乡镇扶持发展 3~5 家示范网点。在试点村设立电商扶贫服务点，每个村至少开办 1 个电商扶贫网店，作为电商扶贫的"码头"，形成完备的电商扶贫服务体系。三是建立电商扶贫网货供应体系。根据贫困村和农户实际确立特色产业主打产品，组织指导标准化生产，提供适宜网络销售的优质产品。扶持农产品加工企业，通过产业化经营模式带动农户从事网货生产加工，建立完善的供应体系；认证一批网货供应定点企业，为网店提供丰富充足的资源。四是建立电商扶贫网络物流体系。加快贫困乡村宽带网络建设步伐，利用无线、有线相结合的办法，扩大通信网络覆盖面。扶持邮政系统和大型物流企业在贫困乡村设立快递代办点，鼓励发展面向乡村的"草根物流"，降低网店运营成本。五是建立电商扶贫人才培训体系。整合各类培训资源，建立培养基地和师资队伍，有针对性地开展培训，为每个试点村至少培训 1 名电商应用人才和合格的信息员，每户至少有 1 人参加农业实用技术培训，实现电商从业人员和管理人员培训全覆盖。与高等院校合作建立专业的电商人才培养基地和师资队伍，为电商扶贫提供强有力的人才保障。六是建立电商扶贫考核评价体系，既考核网店数、销售额，更注重带动贫困村和贫困户外销农特产品、帮助贫困群众增收致富的情况，促进电子商务与扶贫开发深度融合。

2015年6月，甘肃省商务厅、省工信委、省扶贫办出台了《甘肃省精准扶贫电商支持计划实施方案》，把电商扶贫纳入全省扶贫开发工作体系，以全省58个贫困县（市、区）和17个插花型贫困县（市、区）为重点区域，以225个特困片带6220个建档立卡贫困村为重点对象，通过发展贫困地区电子商务，不断扩大贫困地区农特产品网上销售规模。该实施方案提出了具体目标：到2017年，全省70%以上的贫困乡实现利用电子商务销售当地特色产品，交易额年均增长20%以上。2020年，全省贫困地区基本普及电子商务应用，实现"三有一能"，即县有电子商务服务中心，乡有电子商务服务站，村有电子商务服务点，贫困户能通过电子商务销售自产产品、购买生产生活资料，交易额年均增长30%以上。该实施方案的重点内容包括六个方面。一是推进宽带网络建设，推动贫困地区光缆入乡、入村，部分光纤入户，扩大贫困地区互联网覆盖面。到2017年，全省95%以上的行政村通固定宽带和移动宽带，绝大多数贫困村宽带网络全覆盖。二是强化物流快递支撑。通过多种方式鼓励和扶持物流企业在贫困乡镇建立符合电商发展需要的物流配送门店，在贫困村建立快递服务点。到2017年实现物流快递乡镇基本覆盖，功能覆盖到村。三是壮大贫困地区网上经营主体。主要是采取教育培训、市场对接、政策支持、提供服务等方式方法，帮助贫困户开办网店，对暂不具备开办网店条件的贫困村，鼓励乡镇干部、大学生村官、未就业大学生等在乡服务站、县服务中心或电商扶贫产业园内开设扶贫网店，代销产品。四是加强贫困地区网络品牌的培育。按照省委、省政府"一县一业""一村一品"的原则，确定贫困地区主打产品、主导品牌，并支持这些产品申请"地标保护""绿色""有机""无公害"等资质认证。五是强化电商扶贫金融服务支撑。将电商扶贫纳入扶贫小额信贷支持范围，给予小额信贷支持。同时鼓励农村信用社、农村商业银行在贫困乡村设立服务网点或代办点，改善贫困地区支付、结算等金融服务条件。六是注重试点示范引领。实施好国家电子商务进农村综合示范项目、电商扶贫试点和省级电子商务示范县三项示范创建工作，发挥示范作用，以点带面，加快电子商务向农村特别是贫困地区覆盖。同时，推进阿里巴巴集团"千县万村"、京东集团"千县燎原"和苏宁"农村电商"计划落地，利用大平台提升甘肃省电商扶贫质量水平。

2016年，甘肃省成立了由分管省长任组长、省直28个相关部门为成员的甘肃省促进电子商务产业发展领导小组，印发了《关于促进农村电子商务加快发展的实施意见》（甘政办发〔2016〕48号），文件指出，2016年，要在全省培育一批具有典型示范带动作用的农村电子商务示范县（乡、村）、示范企业、"优秀网店"，每个市州不少于2个电子商务示范县，贫困县电子商务服务中心全部建成，30%的乡（村）建成电子商务服务站（点）。90%的行政村通宽带。农村电商培训全覆盖。到2017年，全省

70% 以上的乡（村）建成电子商务服务站（点），交易额增长 20%。80% 以上行政村通光纤，95% 以上行政村通宽带。每个村至少培训 1 名电商应用人才和信息员。实现物流快递到乡镇，功能覆盖到村。2018~2020 年，农村电子商务交易额年均增长 30%。到 2020 年，农村电子商务应用基本普及，实现县有农村电子商务服务中心、乡（镇）有电子商务服务站、村有电子商务服务点，农户能通过电子商务销售自产产品、购买生产生活资料的目标，初步建成竞争有序、诚信守法、安全可靠、绿色环保的农村电子商务市场体系。

2016 年 9 月，甘肃省政府印发了《甘肃省深入实施"互联网＋流通"行动计划方案》，该方案提出要大力发展农村电子商务，加强县、乡、村三级电子商务服务体系建设，完善功能配套，打造农产品上行和工业品下行的网上新渠道。支持甘肃省具有地方特色、民族特色的本土电商平台和电商企业发展，以农产品、林果产品、民俗产品为重点，推行网络定购定制，打造个性化产品，促进产品网上外销；针对农村消费习惯、消费能力、消费需求特点，从供给端提高商品和服务的结构化匹配能力，带动工业品下乡，拓展农村消费市场。鼓励具有本地结算功能的国内知名电商平台参与农村电子商务发展，促进特色农产品在第三方电商平台宣传、推广、销售，扩大甘肃省农产品网上销售规模，提升农产品知名度和影响力。鼓励支持供销合作社等各类市场主体拓展适合网络销售的农产品、农业生产资料、休闲农业等产品和服务，打造"网上供销社"。

引导电子商务企业与新型农业经营主体、农产品批发市场、连锁超市等建立多种形式的联营协作关系，拓宽农产品进城渠道。鼓励邮政企业等各类市场主体整合农村快递物流资源，建设改造农村快递物流公共服务中心和村级网点，切实解决好农产品进城"最初一公里"和工业品下乡"最后一公里"问题。

第二节　陇南电商扶贫工作战略布局情况

一　"433"发展战略

2013 年，陇南市委三届七次全委（扩大）会议提出，坚决打赢脱贫攻坚战，统筹推进经济、政治、文化、社会、生态文明和党的建设，把陇南建成甘肃向南开放的"桥头堡"、甘陕川结合部重要的交通枢纽联结地、长江上游生态安全屏障和全国扶贫开发示范区，努力建设幸福美好新陇南，同时提出了"433"发展战略。2016 年陇南市委三届十一次全委（扩大）会议将"433"发展战略进行了调整和完善（见图 2-1）。

在"433"发展战略的"三个集中突破"中，第一点就是在电子商务上集中突破，拓宽"互联网+"应用领域。具体内容如下。一是围绕"把陇南建成全国电商扶

四个快速推进
* 扶贫开发要快速推进，在合力攻坚上迈出新步伐
* 生态文明要快速推进，在绿色发展上走出新路子
* 产业培育要快速推进，在提质增效上彰显新优势
* 城乡一体要快速推进，在协调发展上构建新格局

四个快速推进
* 脱贫攻坚要快速推进，在共享发展上迈出新步伐
* 生态文明要快速推进，在绿色发展上走出新路子
* 产业培育要快速推进，在创新发展上彰显新优势
* 城乡一体要快速推进，在协调发展上构建新格局

三个着力夯实
* 着力夯实硬件基础，优先加强基础设施建设
* 着力夯实民生基础，统筹发展社会各项事业
* 着力夯实管理基础，加快推进社会治理创新

三个着力夯实
* 着力夯实硬件基础，优先发展基础设施
* 着力夯实民生基础，统筹发展社会各项事业
* 着力夯实执政基础，促进社会和谐稳定

三个集中突破
* 在发展电子商务上实现突破
* 在推进金融支撑上实现突破
* 在发展非公经济上实现突破

三个集中突破
* 在电子商务上集中突破，拓宽"互联网+"应用领域
* 在金融支撑上集中突破，提升经济发展保障能力
* 在旅游开发上集中突破，引领非公经济快速发展

图 2-1　陇南市"433"发展战略

贫示范区"的目标，着力推动"网商规模、发展质量、扶贫效益"三大提升，继续完善"行政推动、网货供应、配套服务"三项体系，不断强化"电商团队、微媒助力、典型引领"三轮驱动，把电子商务打造成解决农产品销售难问题、推销市内产品，助推精准扶贫、提高群众收入的有效载体。二是不断拓宽"互联网+"的应用领域，提升各领域发展水平。要推进"互联网+"宣传，加强微媒矩阵建设。要不断丰富微媒展现的内容形式，提高可读性、参与性，继续保持陇南发布在全国政务发布中的领先地位。三是要推进"互联网+"城市建设，更加紧

密地结合城市特点，找准智慧城市建设切入点，特别是在社会管理、公共服务等方面引进和开发多种应用，提升智慧城市建设水平。四是要推进"互联网+"数据建设，高标准建设具有陇南特色的大数据中心，坚持以应用为导向，以精准扶贫大数据应用系统为重点，统筹推进政务应用、党建信息、规划展示等系统建设，逐步促进"互联网+"与民生领域的融合，积极推动大数据跨界应用，使其产生更大的经济和社会效益。

二 机构布局

陇南通过打造市、县（区）、乡（镇）、村四级电商扶贫推进服务体系（见图2-2），搭建多元化的电商扶贫平台和快捷高效的公共服务管理平台，营造电商扶贫的良好环境，为电商扶贫工作顺利开展奠定基础。

第一，市级层面设立市电商办，加快陇南市电商扶贫产业孵化园建设，同时利用好"特色中国·陇南馆"这一平台，发挥更大作用。

第二，8县1区设电商中心，由电商中心主任负责日常工作。各县（区）通过招商引资、资源整合、以奖代补和贷款贴息等方式，扶持当地电商龙头企业或电商协会建立一个集产品供应、质量检测、货物仓储、物流配送、电商培训等于一体的电商扶贫服务中心，发挥综合协调和孵化作用。

第三，187个乡镇依托扶贫工作站、电商协会建立电商服务站，这一层级的电商骨干均为从镇政府工作人员中选派出的电商专员。电商扶贫服务站，鼓励有条件的乡镇企业、合作社开展网货开发、信息服务、技术指导、营销服务等工作。

第四，882个乡村设立电商服务点，包括全部电商主体，如网店、物流服务点、网上超市等。在试点村培养一名合格的电商扶贫专职信息员，提供适当工资补贴，配备电脑及货架等，负责电子商务服务点的管理工作，为群众提供在线交易、代销代购、信息服务、网货供应、物流配送等服务。电商服务点发挥电商扶贫组织引导和综合服务作用，引导农民通过网络渠道积极销售农特产品，鼓励农民利用网络购买物美价廉的生产生活资料，解决"买难"的问题，降低生产生活成本。同时，电商服务点为群众义务发布农产品供需、劳务培训输转、天气预报、惠农政策、法律法规等信息，开展代购车票，代缴水费、电费和电话费等业务，让群众享受农村电子信息便民服务带来的实惠，提升农村信息服务水平。

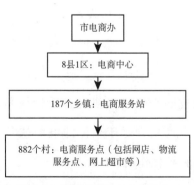

图2-2　陇南市电子商务机构布局

此外，为了更好地适应地方经济社会发展人才需要，陇南市建设了完整的电商人才培育体系，积极筹建电子商务学院。经市政府报请省政府同意，2015年2月省教育厅将"陇南电子商务职业学院"牌子加挂到陇南师专，该职业学院成为全省首家高校电子商务学院、陇南师专二级独立学院，集教学、科研、实训、运营于一体，有专兼结合的电商教师79人；建有甘肃省高等学校农村电商人才培养重点实验室1个，电商企业4家，快递企业2家。该学院为全省农村电商发展和精准扶贫精准脱贫提供了强有力的人才支持。学院成立以来，主要做了三个方面的工作。

一是围绕电商扶贫缺人才，学院开设电商专业。结合电商扶贫人才需要，开设了电子商务、会计电算化2个电商专业，在全省累计招生350人，学生边学习边创业，把公司办到学校里，一个电商创业实习团队联系一个贫困村，开展电商扶贫研学实践，通过产学研结合，主动适应电子商务发展新形势，立足陇南经济社会发展新需求，更新办学理念，创新办学模式，全力承担全市电子商务高端人才的培养任务，为陇南乃至全省电子商务可持续发展迈向更高水平提供人才保障。

二是围绕农村电商搞培训，抓应用。以培训农村电商人才为突破口，借助陇南及成县电子商务发展优势，按照"校地联动、校企合作"的办学模式，通过"外聘内培"，建设了理论实操水平较高的电商讲师团，探索出"专家讲授、一线辅导、典型引领、观摩启发、重在实操、服务农村"的培训模式，开展了针对领导干部、电商工作者、网店店主及相关从业人员的农村电商人才培训工作，累计培训懂技术、能开店、会经营的实用型、技能型电商人才1.8万人次。省委组织部、团省委先后在学院设立了两个省级培训基地，培训电商实用人才4000人次。目前，学院正在承办省委组织部组织的全省"万名农村电商人才培训工程"项目，对全省5000名大学生村官分3年时间分期分批进行轮训，培训效果得到了社会各界的高度认可。根据当地的反馈情况，受训的大学生村官返岗后在发展农村电子商务方面起到了很好的示范带动作用。比如，第三期培训学员定西市渭源县北寨镇大学生村官常小龙已帮助13个行政村建成网店52家；第四期培训学员平凉市静宁县治平乡大学生村官王毅成功地将"静宁苹果"嫁接在互联网上，自己成为"电商大V"，预计在未来2~3年，这些受训大学生村官将发挥"火种"和"旗帜"功能，在发展农村电商和助力精准扶贫方面发挥更大作用。陇南师专电子商务学院已成为全省最大的农村电商人才培训基地和全省精准扶贫精准脱贫人才培训的重要基地。

三是围绕扶贫抓教研，构建大生态。陇南师专电子商务学院师生深入全市开展精准扶贫、电子商务、大学生创业调研，聘请电商专家、农业专家、知名电商企业团队、优秀电子商务店主来校授课，把陇南发展电子商务的经验做法应用到教学实践中，总结成县和陇南电商经验模式，编制校本教材，已发表学术论文和科研成果、报告50多项。学院在利用电子商务创新驱动经济社会发展方面以陇南模式探索教学，促进了电商扶贫由"单品突破"的初级形式向"培育电商生态体系"的高级形式发展，通过产学研互动，为全省电子商务发展和电商扶贫工作开展发挥了很好的学科引领、理论创新和人才培养作用。

第三章

农村电子商务扶贫主要
做法及成效

2014 年底，陇南市被国务院扶贫办确定为全国唯一的电商扶贫试点，陇南市先后在 9 个县（区）1365 个建档立卡村中选择确定了 750 个贫困村开展电商扶贫试点工作，获得了"2015 中国消除贫困创新奖"。自 2016 年以来，陇南市以精准扶贫精准脱贫为指导，以增收减贫为目标，着力强基础、补短板、创品牌、提质量、促脱贫，电商扶贫工作取得突出成效。

第一节　试点村选取方法

电商扶贫试点工作在全市 8 县 1 区同时开展，村级试

点在 1365 个建档立卡贫困村选择确定。^①

甘肃省还制定了《甘肃省县乡村三级电子商务服务中心站点建设标准》，截至 2016 年底，全省已建成 75 个县级电商服务中心、1157 个乡级电商服务站、5289 个村级电商服务点，实现了贫困县电商服务中心全覆盖。

第二节　加快基础设施建设，不断完善服务支撑体系

在贫困乡村宽带建设方面，《实施意见》指出，加快贫困乡村邮政网络建设和移动通信、互联网宽带、广播电视"三网融合"建设步伐，力争试点村实现网络宽带全覆盖。要求 2015 年内，武都区和成县宽带网络行政村覆盖率达到 100%，接入率达到 80% 以上；其他县（区）宽带网络行政村覆盖率达到 80%，接入率达到 60% 以上；对电商扶贫示范点涉及的 158 个贫困乡镇和 450 个贫困村中尚未通宽带网络的在 2015 年建设计划中优先安排。2015 年

---

① 按照先易后难的原则，做到六个优先。即经建有网店、电子商务有一定基础的贫困村优先纳入；建有"万村千乡"市场工程实体店的贫困村优先纳入；2015 年计划脱贫的贫困村优先纳入；有一定规模可供外销的农产品和手工艺品的贫困村优先纳入；有运行较好的专业合作社的贫困村优先纳入；通宽带网络和物流快递的贫困村优先纳入。按照全市贫困村总数 30% 的规模，在符合条件或基本符合条件的贫困村中，选择确定 450 个贫困村实施电商扶贫试点项目。通过一年试点形成成功经验和模式，再在其余贫困村推广，三年内电商扶贫项目在陇南贫困村达到全覆盖。

6月底前还不能通宽带网络的试点村，必须确保移动网络全覆盖。2017年，陇南市投资14.53亿元加快贫困村网络建设，全市有2561个行政村已通宽带，行政村宽带覆盖率由2015年的65%提高到2017年的80.8%；陇南市积极实施"宽带进村流量补助工程"，提高了宽带网络使用率。

在试点乡村物流快递体系建设方面，《实施意见》中指出，试点村通村公路尚未硬化的，交通部门优先将其纳入2015年通村公路硬化项目实施范围，年底全部硬化完成。依托市、县（区）电商产业孵化园（中心），建立集产品供应、质量检测、货物仓储、物流配送于一体的物流园，扶持和培育一批信誉良好、服务到位、运作高效的快递物流企业；通过物流补贴、税费减免等方式鼓励和扶持物流企业在试点乡镇建立符合电子商务发展需要的物流配送门店，在试点村依托电商扶贫示范店扶持建立快递服务点，由村级信息员集中收购、集中统一配送，有效降低贫困地区物流成本。将450个试点村全部纳入2015年邮政部门村邮站建设计划，年内全部完成，由村邮站负责网货配送。暂时还没有建成村邮站的，整合"万村千乡市场工程"商品配送寄快递企业，发展草根物流，解决试点村网货配送问题。对试点村示范网店线上交易额每半年进行一次统计，每单给予3元快递补助。此外，在北京、深圳、兰州各建立一个陇南农特产品仓储配送展示中心（陇南特产馆），确保陇南农特产品在核心市场快速送达。以财政补贴和贷款贴息的方式对市县物流园、乡镇物流配送门店和仓储配送展示中心建设进行扶持，同时对试点村宽带接入、无线流量、电子商务物流配送适当进行补助。截至2017年6月底，陇南三年硬化村公路10000公里，2017年硬化通村公路3539公里，全市行政村公路畅通率达到99.7%。此外，政府积极扶持市内本土电商企业创办的物流快递公司在有条件的村建立快递物流服务站点和业务揽收点，截至2016年末，全市累计建设物流企业247家，2017年继续增加20家。快递网点数量大幅增加，从2014年的333个增加到2016年的976个，截至2017年3月，快递网点数突破1000大关，进一步增加到1044个，基本形成了"县有中心、乡有站、村有点"的三级物流配送体系，有效解决了快递物流"最后一公里"难题。组建了"支持电商扶贫快递联盟"，全市快递费用从2013年的平均10元／公斤降至目前的5元／公斤。

第三节　大力促进特色产业提质增效，加大农产品网货生产与供应

陇南以市场为导向，立足特色优势资源，按照规模化种植、园艺化管理、标准化经营、商品化销售的总体要求，大力发展核桃、花椒、油橄榄、中药材、苹果、茶叶、食用菌等特色产业，促进特色产业提质增效，积极申请产品认证，在电商扶贫中形成独特优势。按照"一乡一

业""一村一品"的要求，确定试点村适合网络销售的主打农特产品，加大扶持力度，组织农民进行标准化生产。扶持引导现有加工企业开展电商扶贫，每个贫困乡镇扶持发展一个特色农产品的生产、加工、包装、销售的龙头企业，进行认证挂牌管理和扶持。对贫困村农业专业合作组织、土地流转企业和能人大户，以贷款贴息或者以奖代补的方式进行扶持，促进农产品龙头企业、专业合作组织和能人大户与电商教育平台对接，构建起面向电商扶贫的产业链，吸引贫困户参与进来，实现多形式就业。建立贫困乡村电子商务农特产品标准体系和农产品溯源体系，加强电子商务农特产品的监管，围绕生态、安全、量大诉求，把好"入口"关，对农产品生产实行信息化管理。

目前，陇南市共建成供货平台 83 个，开发适销网货产品 1129 种，全市供货金额达到 1000 万元以上、服务网商200 家以上的网货供货平台达到 7 家，中小网货供货平台达到 70 余家。礼县发动相关龙头企业、农民专业合作社、经销大户、电商青年，从包装理念、质量信誉、营销售后、宣传推广等方面多管齐下，全力打造"礼县苹果"品牌。目前全县设计苹果电商专用包装达 70 余种，全县发展苹果淘宝店 1300 家、手机微店 2200 家，其中天猫、苏宁、京东等品牌旗舰店 6 家、企业店 28 家、上冠网店 3 家、上钻网店 100 多家。通过引导全县网店和微商代销滞销苹果，礼县及时售完农户库存滞销苹果 300 余万斤，贫困户苹果占到 40%，有效解决了贫困群众苹果滞销难题。康县兴源土特产商贸公司对木耳、食用菌、天麻、蜂蜜、茶叶等农特产品统一加工、统一包装、统一发货，为全县甚至全市网点提供优质网销产品。文县电商扶贫协会共整合网货22种，确定了以"山哥水妹"为形象代言人的县域网货产品，按统一标准、统一质量、统一包装、统一价格的原则，向全县网商供货，截至2016年底，线上销售突破百万元，线下销售300余万元。武都区注册了"武都崖蜜"商标，中国农科院蜜蜂研究院已将陇南市列为蜜蜂产业精准扶贫示范基地，所有养蜂专业合作社都与贫困户签订带贫协议，预计可带动脱贫6万余人。截至2016年底，全市养蜂总量达到18.7万箱，蜂蜜产量2200吨，产值1.1亿元，形成了两当狼牙蜜、武都红芪蜜、文县党参蜜、宕昌花山蜜等一批具有鲜明地域特色的土蜂蜜产品，通过电商将蜂蜜产品远销到北京、上海等大中城市，带动覆盖区贫困群众人均增收198元。

第四节　抓好多平台网店建设，促进农特产品网络销售

《实施意见》中指出，鼓励建立电商扶贫示范网店。每个县（区）重点扶持培育1~2个效益较高、影响力广、销售份额大的电商扶贫龙头企业。每个试点乡镇各扶持发展3~5家业绩好、带动力强的农产品销售示范网点。在有

条件的试点村扶持建立电商扶贫示范网店，扶持农村新增"两后生"、返乡青年以及有发展电商意愿的能人大户开办网店；在没有被纳入万村千乡实体店建设计划、暂不具备开办网店条件的贫困村，鼓励乡镇干部、大学生村官、驻村干部、未就业大学生和贫困村在校大学生以及致富能人，在乡镇或电商扶贫产业园内异地创办或者代运营以销售贫困村产品为主的扶贫网店，代销贫困村农特产品，把陇南贫困乡村天然、无污染的农特产品通过电子商务销往全国。加大品牌扶持力度，加强陇南产品品牌化建设，每个网店突出培育各自主打品牌，实现错位发展，避免同类网店无序竞争；完善质量体系认证，与行业标准接轨，并在品牌的相关资质认证、生产经营许可证的审批方面给予政策支持。建立和完善电商扶贫示范店与建档立卡贫困户利益联结机制，对贫困户特色产业发展和网货生产加工给予适当补助，鼓励示范网店与建档立卡贫困户进行结对帮扶，以保护价优先收购、销售贫困户农特产品，并通过网络为贫困户代购生产生活资料，形成"一店带一户""一店带多户"的电商扶贫模式。抓住国家实施乡村旅游富民工程推进旅游扶贫工作的机遇，通过建设旅游电子商务示范村，开展农家客栈、农家乐餐饮网络预订、网络代售景区门票、旅游商品和当地土特产等多项业务，扶持农村留守妇女发展民族文化产业、手工艺品和家庭手工业，通过网络带动旅游、乡村农特产品和旅游文化产品消费。

陇南以增加网店发展数量、提高网店发展质量、扩大网络营销主体、增加网店销售收入为主要目的，开展全市网店提质增效、网店培育、问题网店整改和传统企业转型等活动。加快试点贫困村"一村一店"建设，发挥贫困农户创业型、能人大户引领型、龙头企业带动型、乡村干部服务型等贫困村电商扶贫示范网店的示范带动作用。截至2016年底，陇南市网店数量达到10618家，其中有业绩的网店7440家，占比70%以上。全市750个电商扶贫试点贫困村开办网店980家，其中，村官网店755家，带动贫困人口15万人；试点村网店销售总额达4.1亿元，其中建档立卡贫困户销售额为6785万元。

销售总额方面，2016年底，陇南市实现农产品网络销售36.36亿元，其中，线下销售23.95亿元，占比65.87%，线上销售12.41亿元，占比34.13%。2014~2016年，累计销售额达70.62亿元，其中，线下销售47.02亿元，占比66.58%，线上销售23.6亿元，占比33.42%。值得注意的是，线上销售比例呈逐年递增的趋势（见图3-1）。

图3-1　2014~2016年陇南市电商销售额情况

资料来源：精准扶贫精准脱贫百村调研孙家湾村调研。

平均销售额方面，2016年底，755家有业绩网店平均线下销售额为32.2万元，比2014年底提升179.89%，年均提高67.3%；平均线上销售额为16.68万元，比2014年底提升233.1%，年均提高82.51%，远高于平均线下销售额增速。在9个县（区）中，有6个县（区）平均线上销售额增速高于平均线下销售额增速，包括武都区、成县、宕昌、徽县、康县和西和县。

陇南把促进传统经营主体与电商经营主体的融合发展作为重点，把普及和深化电子商务应用、提升传统企业电子商务应用水平作为加快电商扶贫的主要途径。指导传统企业开展电商扶贫，为企业发展电子商务提供信息、技术等服务，鼓励和支持企业、合作社等在第三方平台开办B2B、B2C等店铺，引导有条件的农产品生产加工企业、专业合作社参与网货供应平台、产品研发中心等建设，一批传统经营企业与电商团队开展合作，初步形成产业聚集效应和规模效应。

第五节　积极开展电商扶贫培训，为农村培育电商人才

政府制订了专项计划，安排了专项资金，开展不同层次的电商扶贫培训，通过"直接到户"和"参与产业链"的方式，结合当地产业开发特点，对试点村群众全面开展以农业

实用技术、务工技能和参与电商产业链就业为主的培训，让群众掌握产业发展的实用技术，自发培育更多适宜网上销售的农特产品、手工艺品等商品，并通过网络销售渠道销售农特产品，借助产业链实现就业增收。对试点乡村电商扶贫示范店的从业人员进行以实践操作为重点的电子商务专项培训，使每个贫困村至少有一名电子商务应用人才，培养一支懂电商业务、会经营网店、能带头致富的电商扶贫人才队伍，提升网店的营销能力和服务水平。通过"走出去""请进来"的方式，对市县乡村电商扶贫管理服务人员分层次进行管理培训，提高电商扶贫管理和服务能力（见表3-1）。依托陇南师专和陇南电子商务孵化园，借助淘宝大学、兰州大学和浙江义乌工商职业技术学院相关专业资源，筹建陇南

表3-1　陇南分层次电商人员培训具体内容

培训层次	依托单位	培训对象	培训人数（人次）
市外培训	市外大型电商公司和培训机构	市县电商扶贫领导小组负责人、电商扶贫服务中心负责人和电商扶贫管理人员	200
市级培训	整合陇南师专电子商务学院、陇南农村干部专修学校、陇南市电商培训中心、华昌公司淘宝商学院等培训资源	县（区）电商扶贫领导小组业务骨干、乡镇电商扶贫领导小组办公室人员以及贫困村"两后生"	2000
县级培训	各县（区）委党校和电商培训机构	试点村的驻村工作队队员、村干部、网店从业人员	1500
现场培训	整合各县（区）人社、扶贫、农业、科技等部门培训项目和资金	对450个试点村群众开展农业实用技术、网货加工及网络宣传营销等基础知识、基本技能培训	—
学历培训	陇南师专电子商务学院2015年秋季招生计划	2015年新增贫困村"两后生"	—

注：本书表格，除特殊标注，均来自孙家湾村调研。

电子商务职业学院，建立专业的电商人才培养基地和师资队
伍，为电商扶贫提供强有力的后续人才保障。

2016年陇南电商新增就业26213人，累计超过8万
人。依托陇南电子商务职业学院，在学院、市内外电商培
训机构及电商龙头企业，培训人数76513人次，累计达到
17.56万人次（见图3-2）。

图3-2 2014~2016年陇南电商培训与就业情况

资料来源：精准扶贫精准脱贫百村调研孙家湾村调研。

同时，坚持对贫困群众开展农业实用技术、网货生产加
工及网络宣传影响等知识技能培训。与浙江橙果企业管理咨
询有限公司签订了电商扶贫人才"种子计划"，三年内，分
期、分批选配6000~10000名未就业大学生赴浙江进行专业
化培训，安排就业并鼓励回乡创业。积极指导和支持传统经
营企业与电商人才或者团队合作，借助传统经营主体的产业
支撑和电子商务的营销优势，增强竞争能力，迅速打开市
场。培育了农产品加工企业、专业合作社、大学生村官、乡
村干部、农村返乡创业青年及未就业大学生等各类电商主

体。积极组织在外务工人员、乡村干部、返乡创业青年、大学生村官、在读大学生，利用手机等移动设备开展电子商务创业。鼓励和支持信用良好、销售实绩突出、有网货供应能力的电商企业、网店建设分销平台，引导专业网货供应平台完善供应体系，提高服务能力，提升服务水平，切实为移动电商创业者提供产品保障。截至2016年末，微商营销队伍达到15000余人，累计销售额达到2.1亿元。

此外，陇南电商扶贫工作积极发挥驻村工作队和定点帮扶单位的作用。陇南市把电商扶贫工作纳入双联工作的考核范围，将考核工作作为驻村工作队的重要任务；对电商扶贫先进县（区）、乡（镇）、村、部门单位和先进个人给予表彰奖励，对在电商扶贫工作中做出优异成绩的各级干部，在提干任用、职称晋升等方面给予优先和倾斜；对电商扶贫中做出突出贡献的社会团体、企业和社会人士，在法律和政策许可范围内给予奖励。

第六节　持续推进到户帮扶，提升精准扶贫脱贫效果

一　发挥贫困村网店的带贫作用

陇南市建立电商扶贫示范网店、电商扶贫示范合作社以及电商扶贫龙头企业与建档立卡户利益联结机制，每

个试点村示范网店、电商扶贫示范合作社以及电商扶贫龙头企业要与试点村村委会签订带贫承诺书，对建档立卡贫困村、户进行结对帮扶，并通过网络为贫困户代购生产资料、生活用品、车（船、飞机）票等，开展水、电、煤气、手机话费等电子缴费业务，方便群众生活，降低生产生活成本，形成"一店（社）带多户""一店（社）带一村"的电商扶贫模式。成县索池乡王湾村"陇上人家土特产馆"帮助全村52户贫困户销售核桃、挂面、大樱桃、花椒、蕨菜等农产品，网络销售核桃6万余斤，每斤高于市场价2~4元，销售大樱桃1万余斤，每斤高出市场价5~8元，销售核桃仁3万余斤，贫困户人均增收650元。

二 突出电商产业带动作用

通过"电子商务 + 特色产业 + 贫困户"的方式，陇南市将电商扶贫与特色产业发展紧密结合，将贫困户直接作为电商企业的供货商，贫困户按标准生产可供网上销售的产品，电商企业以保护价保底收购，确保贫困户利益不受损。康县兴源土特产公司2016年销售各类产品358吨，其中贫困户产品占35%，帮助76户建档立卡贫困户稳定脱贫。

三 突出电商创业带动作用

陇南市通过鼓励、引导、扶持具有一定发展能力的建档立卡贫困户、返乡青年、未就业大学生、残疾人带头进行电商创业就业，带动其他贫困户就业增收。陇南市利用电商开展"双创"的人数达到18000余人，其中贫困户直接开办网店285个。文县中庙乡残疾人任波，通过电商发展当地生态黑土猪香肠、腊肉等系列产品，为贫困户代销农产品1000多单，总价值21.6万元，每户增收4318.92元，人均纯收入增加967.78元。此外，陇南市为农户代购农业用具及生活用品，代买火车票、飞机票累计66917元，直接节省开支11834元。

四 突出电商就业带动作用

陇南市通过打造电子商务生产、加工、包装、物流、营销全产业链，吸纳建档立卡贫困人口务工就业，增加贫困人口收入。目前，陇南全市电商企业、物流快递企业、网货供应企业等经营主体，为全市提供就业岗位5.7万余个，其中吸纳贫困户就业1.4万余人，徽县伏家镇中坝村建设西北首家"淘宝村"，依托"核益康""春上垅"等电商龙头示范带动该村开办网店30多家，解决本村及周边县市劳动力140余人，实现劳务收入150余万元，培育了新型农村就业圈。

五 电商入股带动作用

陇南市引导动员没有创业能力的贫困户将精准扶贫专

项贷款、土地等入股电商企业，享受不低于银行利息的分红。如礼县良源电商公司吸纳 40 户贫困户每户 5 万元的精准扶贫贷款入股，按 10% 分红，每年每户可增收 5000 元。

六　持续开展宣传推介活动，营造电商扶贫的氛围

陇南市运用由 2690 个政务微博、561 个政务微信、183 家政务网站和众多个人微博、微信组成的"微媒矩阵"，持续宣传陇南农特产品。此外，陇南市还编印了《陇南政务微博》和《陇南网店大全》两本二维码"无字书"。《陇南政务微博》会集了陇南各级各部门的政务微博和微信，重点推介陇南的自然风光、特色产业、人文历史、红色文化、民俗风情和工作进展情况。《陇南网店大全》会集了陇南开办的网店，展示了琳琅满目、质优价廉的陇南特产。甘肃省在康县召开了全省乡村旅游精准扶贫现场会，将电子商务、特色产品展示与乡村旅游、精准扶贫深入结合，全面展示推介了电子商务工作成效和优质特色产品；两当县还开展了"两当特产 e 站式、申城美味零距离"活动，与上海妈说电子商务有限公司签署了电商扶贫带动合作备忘录，两当的土蜂蜜、香菇、木耳等"山珍"受到上海消费者青睐；宕昌县举办宕昌中药材及农特产品"宕昌旅游暨中药材电商向南推介会"，在重庆、成都、汉中等地推介展示宕昌县中药材及电商产品。

截至 2016 年底，陇南市电商带动贫困人口 15 万人，电商扶贫对贫困群众的人均收入贡献额达到 620 元。

第七节　加强政企合作，完善网络营销机制

借助阿里巴巴、京东等电商平台渠道下沉、开拓农村市场的有利契机，"阿里巴巴陇南产业带"上线运营，苏宁、京东农村电商项目相继实施，实现其与陇南电商扶贫工作的有效对接。陇南市充分挖掘、提炼"核桃书记""苹果县长"的微博营销经验和价值，加强微博、微信等新媒体平台的合作，通过建立城市品牌、个人品牌、产品品牌，在实现电商扶贫社会价值传播的同时，促进购买流量的增加，提升扶贫效果。在市、县建立电商扶贫网站网页，以"陇南电商扶贫商城"（陇南美、微卖）为依托，通过零成本开店、零成本宣传使贫困群众开得起店、做得起广告、有真手艺，也使消费者在购买产品的同时满足扶贫帮困的心理需求。

此外，陇南市政府积极建立健全考核评价体系，修改完善电商工作考核办法，把帮助贫困村、贫困户外销农特产品，代购生产生活用品情况作为驻村干部考核的主要指标之一，推动了电子商务与精准扶贫的有机融合。

第四章

武都区裕河乡孙家湾村基本情况及
发展电子商务情况

第一节　孙家湾基本村情

一　孙家湾村基本情况和贫困程度

　　裕河乡地处武都东南部，距武都城区 117 公里，是陕、甘、川三省交界地带，东临康县梅园沟，南接陕西宁强县、四川青川县，海拔在 660~2347 米，境内气候温和，动植物资源丰富，盛产茶叶、木耳、香菇、天麻、猪苓、油桐、棕榈、杜仲、生漆、猕猴桃、山茱萸、土蜂蜜、山野菜。全乡辖 10 个村 34 个村民小组 1236 户 4896 人，其中建档立卡贫困村 4 个，贫困户 277 户，贫困人口 1194 人。

　　孙家湾村距县城 120 公里，距乡政府驻地 6 公里。孙家湾村耕地面积840亩（1公顷=15亩），园地面积1494亩，林地面积1200亩，畜禽饲养地面积30亩。截至2016年底，孙家湾村有农民合作社2个、家庭农场2个、专业大户2个、农业企业2个、加工制造企业1个。

孙家湾村有3个村民小组104户。孙家湾村总人口404人，其中，常住人口386人，劳动力243人。流动人口规模方面，外出半年以上劳动力180人，外出半年以内劳动力70人；人口流向方面，外出到省外劳动力20人，外出到省内县外劳动力86人；外出人员从事的主要行业是建筑业和餐饮业；目前，外出务工人员中途返乡人数21人。

目前，孙家湾村建档立卡贫困户数为41户，低保户为26户，五保户为5户。建档立卡贫困人口156人，低保人口60人，五保人口5人。

二 样本农户收入水平结构

样本农户年户均总收入18494.17元，人均收入4803.68元。家庭年收入在4万元及以上的有4户，占样本农户的6.67%；年收入30000~39999元的有8户，占到样本农户的13.33%；年收入20000~29999元的有9户，占到样本农户的15%；年收入10000~19999元的有15户，占到样本农户的25%；年收入1万元以下的有24户，占到样本农户的40%，如表4-1所示。人均年收入水平在2万元及以上的有2户，占样本农户的3.33%；人均年收入10000~19999元的有6户，占样本农户的10%；人均年收入5000~9999元的有13户，

占到样本农户的 21.67%；人均年收入 1000~4999 元的有 34
户，占到样本农户的 56.67%；人均年收入 1000 元以下的有
5 户，占到样本农户的 8.33%，如表 4-2 所示。

表 4-1　孙家湾村样本农户家庭收入分布

单位：户，%

项目	40000 元及以上	30000~39999元	20000~29999元	10000~19999元	10000 元以下
户数	4	8	9	15	24
占比	6.67	13.33	15.00	25.00	40.00

表 4-2　孙家湾村样本农户人均收入分布

单位：户，%

项目	20000 元及以上	10000~19999元	5000~9999元	1000~4999元	1000 元以下
户数	2	6	13	34	5
占比	3.33	10	21.67	56.67	8.33

从样本农户对于 2016 年收入的自我评价来看，大部分农
户对 2016 年的收入评价为一般。其中，没有人认为自己的家
庭收入非常高，有 14 户认为 2016 年的收入较高，有 34 户认
为一般，9 户认为较低，3 户认为非常低，如表 4-3 所示。

表 4-3　孙家湾村样本农户对 2016 年家庭收入的评价

单位：户，%

项目	非常高	较高	一般	较低	非常低
户数	0	14	34	9	3
占比	0	23.33	56.67	15	5

在 2016 年家庭收入的农户满意度方面，样本农户中
大部分对 2016 年的收入评价为一般。其中，没有人对家

庭收入表示非常满意，有 19 户对家庭收入表示比较满意，有 31 户对家庭收入表示一般，8 户对家庭收入表示不太满意，2 户对家庭收入表示很不满意，如表 4-4 所示。

表 4-4　孙家湾村样本农户家庭收入的满意度

单位：户，%

项目	非常满意	比较满意	一般	不太满意	很不满意
户数	0	19	31	8	2
占比	0	31.67	51.67	13.33	3.33

在收入结构方面，工资性收入是农民家庭收入的主要来源。在样本户家庭收入中，工资性收入成为主要来源，家庭收入中有 64.88% 的来自工资性收入，户均工资性收入为 11998.33 元；有 17.58% 的来自经营性收入，其中，主要是农业经营性收入，占比为 14.43%，非农经营性收入仅占 3.15%；转移性收入占比为 14.96%（见表 4-5）。

表 4-5　孙家湾村样本农户家庭收入结构

单位：元，%

项目	工资性收入	农业经营性收入	非农业经营性收入	转移性收入	其他收入
均值	11998.33	2668.33	583.33	2766.50	477.68
占比	64.88	14.43	3.15	14.96	2.58

在"影响致富的主要因素"的调查中，我们发现，14 户选择了"缺乏经营力，努力不够"，10 户选择了"缺少技术"，9 户选择了"缺少资金"，4 户选择了"缺少必要的政策支持"。

三 样本农户家庭支出及结构

样本农户 2016 年户均总支出 12202.53 元，占总收入的 65.98%。样本农户人均支出 3169.49 元。结构方面，医疗、教育和食品支出是农户支出的主要组成部分。其中，医疗支出占比最高，占比 35.88%；教育次之，占比 31.51%；食品支出占比 25.62%；养老和合作医疗保险支出占比分别为 3.49% 和 1.86%；礼金占比 1.64%，如表 4-6 所示。

表 4-6　2016 年孙家湾村样本农户户均家庭支出及结构

单位：元，%

项目	总支出	食品支出	医疗支出	教育支出	养老支出	合作医疗保险支出	礼金
户均支出	12202.53	3126.67	4378.33	3845.0	425.50	227.03	200.00
占户均总支出比重	—	25.62	35.88	31.51	3.49	1.86	1.64
人均支出	3169.49	812.12	1137.23	998.70	110.52	58.97	51.95

四 样本农户资产：家庭土地经营规模和住房

土地经营规模方面，样本农户户均土地经营面积为 5.56 亩，人均耕地面积 1.44 亩。样本农户中，人均耕地面积最大的为 2.33 亩，最小的为 0 亩。

住房方面，仅有 1 户农户拥有两套住房，1 户没有自有住房，其他均为 1 套住房。

居住条件方面，第一，住房类型以平房为主。样本农户中，有 42 户住房为平房，18 户为楼房。第二，住房状况较好。在 60 户农户中，有 1 户的住房是政府认定的危房，3 户的住房虽然没有被政府认定为危房，但属于危房，其他 56 户住房状况属于一般或良好。第三，住房的建筑材料以钢筋混凝土为主。在样本农户中，有 26 户住房为钢筋混凝土结构，20 户为砖瓦砖木结构，12 户为砖混材料，1 户为竹草土坯，1 户为其他。第四，住房面积为 6~150 平方米，平均建筑面积为 79.27 平方米。第五，主要的取暖设施是炉子。在样本农户中，有 52 户的取暖设施是炉子，7 户是炕，1 户无取暖设施。第六，目前样本农户家中均没有沐浴设施。第七，住房离最近的硬化公路的距离为 0~500 米，但绝大多数在 50 米以内，有 44 户的住房离最近的硬化公路的距离不超过 50 米。第八，仍有部分居民饮水存在一定程度的困难。55 户的主要饮用水源是"经过净化处理的自来水"，4 户是"受保护的井水和泉水"，1 户是"不受保护的井水和泉水"。有 5 户仍表示有饮水困难，"单次取水往返时间超过半小时"。第九，柴草是绝大多数农户目前主要的炊事用能源。仅有 2 户目前主要的炊事用能源是煤炭，1 户是其他，57 户是柴草。第十，农村卫生条件仍需改善。仅有 5 户住房的厕所类型是卫生厕所，其他均为传统旱厕。51 户生活污水排放方式是管道排放，目前，仍有 8 户生活污水排放仍是随意排放，1 户是院外沟渠。

样本农户对目前住房的满意度较高，有 8 户表示对现在住房非常满意，有 42 户表示比较满意，有 5 户表示一般，有 5 户表示不太满意，没有人表示对现在住房很不满意。

五　样本农户对生活的自我评价

农户对目前生活的满意度较高。在"总体来看，对现在生活状况满意度"的调查中，4 户表示非常满意，29 户表示比较满意，19 户表示一般，8 户表示不太满意，没有农户对现在的生活状况表示很不满意。

大部分农户表示现在生活比 5 年前有所改善。在"与5 年前相比，你家生活变得怎样"的调查中，35 户表示好很多，17 户表示好一些，7 户表示差不多，仅有 1 户表示差一些，没有农户认为差很多。大部分农户表示 5 年后生活比现在有所改善。在"5 年后，你家生活会变得怎样"的调查中，25 户表示会好很多，21 户表示会好一些，11户表示会差不多，仅有 2 户表示会差一些，没有农户认为会差很多，有 1 户认为不好说，如表 4-7 所示。

表 4-7　孙家湾村样本农户对与 5 年前相比和未来 5 年生活的评价

单位：户

项目	好很多	好一些	差不多	差一些	差很多	不好说
与 5 年前相比，你家生活变得怎样	35	17	7	1	0	0
5 年后，你家生活会变得怎样	25	21	11	2	0	1

在"与多数亲戚朋友比，你家过得怎样"的调查中，6 户表示好很多，31 户表示好一些，18 户表示差不多，4

表示差一些，1户认为差很多。在"与本村多数人比，你家过得怎样"的调查中，9户表示好很多，26户表示好一些，16户表示差不多，7户表示差一些，2户认为差很多（如表4-8所示）。

表4-8 与他人相比孙家湾村样本农户的自我评价

单位：户

项目	好很多	好一些	差不多	差一些	差很多
与多数亲戚朋友比，你家过得怎样	6	31	18	4	1
与本村多数人比，你家过得怎样	9	26	16	7	2

六 样本农户家庭负债结构及贷款意愿

截至2016年末，孙家湾村样本农户中有家庭负债的户数是12户，而近三年内，也就是2014~2016年有过借贷情况的户数是19户。下面分析农户的家庭负债规模和结构。

2014年，样本农户中有两户发生了借贷，借款来源均为信用社，平均借贷金额3.75万元，期限均为3年，发生借贷的两户家庭收入平均为7750元，人均纯收入为2803.57元。2015年，样本农户中有5户发生了借贷，借款来源中有4户为信用社，借贷金额均为5万元，期限均为3年，1户向商业银行和村扶贫互助资金协会各借贷5000元，发生借贷的5户家庭收入平均为1.53万元，人均纯收入为2863.19元。2016年，样本农户中有12户发生了借贷，借款来源中有 8 户为信用社，两户为亲朋，两户为村扶贫互助资金协会，平均借贷金额为 3.32 万元，发生借贷的 12 户家庭收入平均为 1.37 万元，人均纯收入为 3606.62 元（见表4-9）。

表4-9 孙家湾村 2014~2016 年农户家庭负债情况

单位：户，元

年份	2014	2015	2016
有借贷的户数	2	5	12
平均借贷金额	37500	42000	33166.67
人均纯收入	2803.57	2863.19	3606.62

对 2014~2016 年累计发生的 20 笔[①] 借贷进行分析，我们可以发现，风险控制方面，农户贷款基本上没有抵押贷款。在 20 笔借贷中，仅有 1 笔信用社贷款是抵押贷款，抵押物为房屋。在 15 笔信用社贷款中，有 12 笔需要担保，担保人大多为农户的亲戚朋友。

在信贷的交易成本方面，第一，村扶贫互助资金协会贷款的利息成本最高，银行次之，信用社较低，亲朋借款最低。在 20 笔贷款中，村扶贫互助资金协会贷款的年利率为 8.4%，银行为 6.8%，信用社平均为 6.64%，亲朋借款则没有利息。第二，信用社和银行的贷款时间成本相对较高。在 20 笔借贷中，除信用社贷款以外的 5 笔借贷，农户为获得贷款均只"跑了一次"，而 15 笔信用社贷款中，有 3 笔农户"跑了 2 次"，有 1 笔"跑了 3 次"。15 笔信用社贷款平均消耗每个农户交通时间为 1.4 个小时，

① 2014~2016 年共有 19 户有过借贷行为，其中 1 户是借贷两笔。

1 笔银行贷款则累计消耗每个农户交通时间 6 小时，而亲朋借贷和村扶贫互助资金协会贷款的发生地点均在村内，因此，这 4 笔借贷消耗时间为 0。第三，从交通费用成本方面来看，在 20 笔借贷中，除信用社贷款以外的 5 笔借贷，农户为获得贷款的交通成本均为 0，而 15 笔信用社贷款中，有 14 笔贷款发生了交通成本，交通费在 10~40 元，平均交通费用为 20.71 元。第四，20 笔借贷均未发生送礼等其他成本。

信贷的用途方面，生产性贷款相对较多。在 20 笔贷款中，12 笔用于"发展农业"，4 笔用于"看病"，4 笔用于"建房"。

还款的主要来源则是打工收入和种植业收入。其中，还款来源是打工收入的有 13 笔，还款来源是种植业收入的有 7 笔。

贷款意愿方面，第一，大部分农户期望的借贷来源依然是信用社。对"您需要大量资金时，最希望从哪里得到"的调查显示，42 户选择了"信用社"，15 户选择了"亲朋好友及近邻"，1 户选择了"村扶贫互助资金协会"，3 户选择了"其他"。[1] 虽然大部分农户期望的借贷来源是信用社，但农户对银行贷款的意愿也十分强烈。对"是否愿意从银行贷款"的调查显示，50 户表示愿意从银行贷款，仅有 10 户表示不愿意。第二，大部分农户期望的借贷额度是 5 万元。对"一次性希望贷多少钱"的调查显示，37

---

[1] 调查的问题中，户数相加大于 60 的为多选题。

户选择了 5 万元，9 户选择了 3 万元，1 户选择了 2 万元。[①]
第三，大部分农户期望的借贷期限是 4~5 年。对"期望的
贷款期限"的调查显示，26 户选择了 4 年，21 户选择了 5
年，1 户选择了 3 年。第四，在农户能承受的最高年利率
方面，3 户选择了 5% 以下，35 户选择了 5%~7%，4 户选
择了 7%~8%，5 户选择了 8% 以上。第五，信用贷款依然
是农户理想的贷款方式。第六，在抵押物的选择上，农户
更偏好于土地和住房。对"您希望用什么抵押 / 质押"的
调查显示，32 户选择了"土地经营权"，29 户选择了"农
村住房"，1 户选择了"本人或他人存单"，1 户选择了"其
他"。第七，亲戚朋友是农户偏好的担保人。对"希望谁
给您担保"的调查显示，28 户选择了"亲戚朋友"，2 户
选择了"村干部"，2 户选择了"小组联保"。

第二节　武都区裕河乡电商发展情况

一　武都区电子商务发展规模

第一，电商规模方面，截至 2016 年底，陇南市武都
区网店数量达到 1401 家，其中有业绩的网店 709 家，占

---

① 共有 47 户对"一次性希望贷多少钱"和"期望的贷款期限"和承受的最高年
利率进行了回答。

比50.61%。村官网店108家，占比7.71%。

第二，销售总额方面，2016年底，武都区实现农产品网络销售7.08亿元，连续三年位列全市9个县（区）首位，其中，线下销售3.02亿元，占比42.65%，线上销售4.06亿元，占比57.35%，线上销售占比也位列全市9个县（区）首位，是9个县（区）中唯一线上销售额高于线下销售额的县（区）。2014~2016年，武都区累计销售额达到13.75亿元，其中，线下销售6.64亿元，占比48.29%，线上销售7.11亿元，占比51.71%，线上销售占比位列全市9个县（区）首位。平均销售额方面，2016年底，有业绩网店平均线下销售额为42.61万元，比2014年底提升339.65%，年均提高109.68%；平均线上销售额为57.3万元，比2014年底提升964.37%，年均提高226.25%，增长速度位居9个县（区）第二，且远高于平均线下销售额增速（见表4-10）。

表4-10　2016年陇南9个县（区）有业绩网店平均销售额情况

单位：万元，%

县（区）	线上		线下	
	平均销售额	年均增长率	平均销售额	年均增长率
武都区	57.30	226.25	42.61	109.68
成县	50.75	239.88	184.81	306.61
宕昌	14.52	101.10	38.66	63.97
徽县	17.03	68.47	51.59	53.73
康县	8.87	35.74	14.68	12.48
礼县	15.43	30.10	21.98	49.78
两当	4.38	69.83	18.95	340.14
文县	9.63	45.26	31.28	74.89
西和	6.51	12.49	12.76	2.59

第三，就业和培训方面，2016 年武都区电商新增就业 7624 人，2014~2016 年累计超过 1.58 万人。培训人数 11222 人次，2014~2016 年累计达到 2.66 万人次。

第四，武都区快递网点数量大幅增加，从 2014 年的 28 个增加到 2016 年的 217 个，位列全市 9 个县（区）首位。

二 裕河乡孙家湾村电子商务基本情况

裕河乡设有电商扶贫工作站，工作站以全镇建档立卡贫困户为重点扶持对象，以增加贫困农户收入、帮助贫困农户脱贫致富为目标，扎实抓好党政推动、市场运作、基础设施配套、协会引领、试点示范、共同参与等关键环节工作。

图 4-1　武都区裕河乡电商扶贫工作站

说明：本书照片均为笔者拍摄，2017 年 4 月。

自 2014 年以来，全乡利用网店销售土特产累计交易额 360 万元，开办网店 21 家，入驻农村淘宝 1 家。全乡基本普及电子商务应用，实现"三有一能"目标，即县有电商服

图4-2　武都区裕河镇网店分布示意

务中心，镇有电商服务工作站，村有电商扶贫服务点，贫困户能通过电商销售农产品、购买生产生活资料。

第三节　孙家湾电子商务发展情况

一　孙家湾村电商扶贫服务点基本情况和经营范围

　　孙家湾村电商扶贫服务点的店铺设计和框架搭建由镇上电商专干负责，并于2015年10月完成。2016年3月，服务点正式成立。初期投入5万元，其中电脑和网络投入4万元，包装设计投入1万元。目前，经营管理者为孟涛涛，1990年生人，2013年9月任裕河乡孙家湾村大学生村官，现任裕河镇社保专干。

服务点以推动生产发展为目标，结合电商扶贫政策，利用大学生村官身份开淘宝网店和实体店，帮助村民销售土特产。服务点采取"互联网+"的模式，把网店、实体店、贫困户有机结合起来，最大限度地保证了群众的利益。

服务点包括五项服务项目，一是网上代买，包括农耕物资、家电日用百货、服装鞋帽、学生用品用具等；二是网上代卖，服务点采用收购、代销和线上线下相结合的方式帮助贫困户销售土特产，包括当地农产品、当地农副产品、当地农艺产品及特色产品；三是网上缴费，包括水、电、煤费和通信费代缴；四是创业培训，扶持农特产品网上销售，培育村网点，鼓励农民创业；五是本地生活，包括快递代收发，酒店预订，汽车、火车、飞机票预订等。

图4-3 孙家湾村电商扶贫服务点实体店

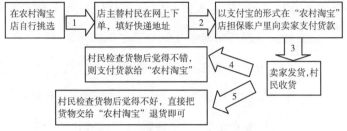

图 4-4　孙家湾村农村淘宝代买流程

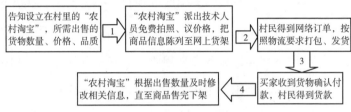

图 4-5　孙家湾村农村淘宝代卖流程

2016 年，服务点代卖范围涉及孙家湾村、范家坪村、凤萍村、梨树村、塘坝村以及赵钱坝村等 6 个村庄，代卖产品包括茶叶、蜂蜜、木耳和土酒。2017 年，孙家湾村电商扶贫服务点，代卖范围增加到竹园村、石马坝村和石家坝村，至此服务范围扩大到 9 个村庄，代卖产品主要包括茶叶（制成品及鲜叶）、蜂蜜和香菇。

二　服务点销售渠道，产品设计、定价和宣传

服务点的销售渠道大致分为两类。一类是线下销售，线下销售主要依托当地旅游业，销售额占总销售额的 1/3 左右。另一类是线上销售，线上销售额占总销售额的 2/3 左右，线上销售主要分为淘宝和微商（微信朋友圈）两

类。其中，淘宝销售约占线上销售额的 35%，而微商销售额则占 65% 左右。微商的销售对象包括曾经的游客、外出打工的同乡等。价格方面，微商比淘宝价格低 5% 左右，这主要是因为，一方面，微商的客户基本为陇南市内的熟人；另一方面，由于熟人与孙家湾村距离较近，无须快递，直接托近期进城的亲戚朋友带过去即可，因此，微商在物流方面几乎没有成本。

服务点出售的产品主要是茶叶和蜂蜜。目前服务点茶叶的销售价格在 400~1200 元 / 斤，主要销往陇南本地和兰州，蜂蜜大约 40 元 / 斤，主要销往云南。包装方面，茶叶是服务点自己设计后外包生产，蜂蜜是请人设计并生产，费用在 1 万 ~2 万元。

宣传方面，一方面是通过裕河镇政府微博，另一方面是乡镇干部对外宣传，比如，蜂蜜就是乡镇干部在自己家乡（云南）帮助宣传后，才打开了云南销路。

三　业务绩效

2016 年，服务点收购农户土特产品 72 笔，合计金额 18.46 万元。其中茶叶 54 笔，合计 552.4 斤 9.39 万元；蜂蜜 12 笔，合计 2497 斤 6.85 万元；木耳 4 笔，合计 523 斤 1.88 万元；土酒 2 笔，合计 240 斤 3360 元。

2017 年，服务点为农户代卖业务合计 250 笔，合计销售额 24.02 万元。其中茶叶制成品 227 笔，合计 1040.52 斤，销售额 22.45 万元；蜂蜜 3 笔，合计 399 斤，销售额

1.22 万元；香菇 7 笔，合计 38.1 斤，销售额 1601 元；鲜叶 13 笔，合计 46 斤，销售额 2046 元。

四 扶贫方式和效果

为保证农户的经济利益，服务点的代卖业务不收取手续费或者差价，付给农户的价格和网上出售价格完全一致。

2016 年，服务点为贫困户代卖 45 笔，其中，茶叶 30 笔，蜂蜜 10 笔，木耳 3 笔，土酒 2 笔；合计销售额 14.93 万元，占全部销售额的 80.86%。与 2015 年相比，贫困户通过服务点代卖农产品增收 2.8 万元。

2017 年，服务点为贫困户代卖 164 笔，其中，茶叶和蜂蜜分别为 163 笔和 1 笔。合计销售额 17.74 万元，占全部销售额的 73.83%。与 2015 年相比，贫困户通过服务点增收 3.7 万元。

可以看出，孙家湾村电商扶贫服务点服务范围和服务规模不断扩大，服务的群体以贫困户为主，并且贫困户通过服务点代卖农产品增收效果较明显。

五 目前存在的问题

目前，服务点电子商务发展过程中仍存在三方面问题。一是网络条件不好。村民在上网过程中经常碰到网络缓慢或中断的情况。二是物流成本较高。陇南地处山区，目前尚无民营快递公司在当地农村开展业务，农户发快递只能通过中国邮政这一家物流公司，据服务点管理者介绍，目前，20斤茶叶的邮费需要38元，蜂蜜的邮费就更高，1斤蜂蜜运到云南需要7~8元，物流成本较高。三是物流并不便捷。这主要体现在农户进行网购的过程中，商家基本上会选择相对便宜的民营快递公司，但这些公司只能把货物运送到裕河镇，农户要想收到快递，必须依托恰好从乡镇返村的亲戚朋友帮忙捎带，一方面容易导致快递丢失，另一方面也延迟了收货时间。

第五章

农村居民网上购物行为特征
及影响因素

长期以来，农村居民消费需求不足已成为困扰经济平稳较快发展的突出问题。[1] 随着我国电子商务的快速发展，农村电子商务有效促进了农村产品和日用消费品等的双向流通，对农村居民消费产生了十分重要的影响。其直接影响主要表现为改变农村居民消费结构；减少供求矛盾，满足消费需求；推动网络金融发展，促进消费增长等。目前，我国农村电商消费规模增长，农村特色鲜明，政府大力扶持，市场主体日趋成形，消费模式基本形成。[2]

过去，农村消费者仅能通过外出和媒体（诸如杂志、电话、电视等）来进行产品信息搜索并采购，人们大都

---

[1] 程凯、瞿艳平：《论我国农村居民的消费水平与消费结构》，《江汉论坛》2011年第4期。

[2] 孙伟、许光建：《农村电商消费现状、问题与趋势》，《农业展望》2017年第2期。

到邻近的集市进行购物。[1] 这种购物方式所购产品类别有限,[2] 并不能满足消费需求的多样性,消费者已不满足于这种单一的购物方式。[3] 与传统的外出购物相比,首先,网上购物能给消费者带来更多的便利;[4] 其次,网上购物经济性引导村民群体学网、上网、用网,增加其网络经济知识,形成群体知识效应;[5] 最后,网上购物降低了交易成本。[6]Worthy 等指出,由于当地实体店的产品选择面窄,农村消费者更有可能通过网络搜寻产品信息和购买产品。[7]

截至 2015 年,我国农村互联网普及率达到 31.6%,比"十一五"期末增加 13 个百分点,随着基础设施的不断完善,农村网购用户规模不断扩大。根据中国互联网络信息中心统计,截至 2015 年 12 月,农村网络购物用户规模为

[1] Hawes, J. M. and Lumpkin, J. R., "Understanding the outshopper." *Academy of Marketing Sciences Journal*, 12, 4 (1984), pp. 200–218.

[2] Blakney,V. L. and Sekely,W., "Retail attributes: Influence on shopping mode choice behavior." *Journal of Managerial Issues*, 6, 1(1994), pp.101–119. Riecken, G. and Yavas, U., "A taxonomy of outbuyers: A new perspective." *International Journal of Retailing*, 3,1(1988), pp. 5–15.

[3] Miller, N. J. and Kean, R. C., "Reciprocal exchange in rural communities: Consumers' inducements to inshop. " *Psychology and Marketing*, 14,7(1997), pp. 637–661.Pinkerton, J. R., Hassinger, E.W. and O'Brien, D. J., " In shopping by residents of small communities." *Rural Sociology*, 60,3(1995) , pp. 467–481. Samli, A. C., Riecken, G. and Yavas, U., " Intermarket shopping behavior and the small community: Problems and prospects of a widespread phenomenon." *Journal of the Academy of Marketing Science*, 11,2 (1983), pp. 1–14.

[4] 严学军、陈汉林:《关于网上购物的几点思考》,《湖北大学学报(哲学社会科学版)》2001 年第 5 期。

[5] 郑英隆、潘伟杰:《农村电子商务发展与村民信息消费成长效应》,《福建论坛·人文社会科学版》2015 年第 11 期。

[6] Ward, Michael R., "Will Online Shopping Compete More with Traditional Retailing or Catalog Shopping?." *Netnomics*, 3,2(2001) , pp. 103–117.

[7] Worthy S. L. et al., "Rural consumers' attitudes toward the Internet for information search and product purchase," *Family and Consumer Sciences Research Journal*, 33(2004), pp. 517–535.

9239万人，比2014年增长19.77%，农村网络支付用户规模为9320万人，比2014年增长48.5%，农村网民网络购物使用率达到47.3%，使用率较2014年增加了12.1个百分点。

值得注意的是，虽然农村网购用户规模不断扩大，但是城乡差距依然较大。如表5-1所示，虽然网络购物应用使用率、网络支付应用使用率、网络购物用户规模和网络支付用户规模的城乡比均有不同程度下降，但是，城乡比依然较大，特别是2015年网络购物用户规模和网络支付用户规模的城乡比均在3.5以上，城乡差距依然较大（见表5-1）。

表5-1　2009~2015年中国网购及支付城乡比（城/乡）

年份	2009	2010	2011	2012	2013	2014	2015
网络购物应用使用率	1.85	1.80	2.03	1.86	1.69	1.77	1.40
网络支付应用使用率	2.20	1.83	2.08	1.97	1.79	1.86	1.54
网络购物用户规模	4.68	4.74	5.41	5.15	4.42	4.43	3.69
网络支付用户规模	5.50	4.83	5.53	5.46	4.70	4.65	3.85

资料来源：笔者根据中国互联网络信息中心统计数据整理计算。

第一节　文献综述与研究假设

中国电子商务研究中心近期发布的《2016年度中国网络零售市场数据监测报告》显示，2015年农村网购市场规模达 3530 亿元，2016 年农村网购市场规模达 4823 亿元，同比增长 36.6%，预计 2017 年全年将突破 6000 亿元。[①] 按照阿里巴巴 2016 年和 2017 年发布的《中国年货大数据报告》，2017 年全国有 2.8 万个村的村民通过淘宝置办年货，2016 年年货网购消费额中农村占比为 15%，到 2017 年该比重小幅上升至 17%。对购买的主力人群进行分析发现，"95 后"成为农村网购主力军，在农村网购人群中，19~22 岁的年轻人占比高于城市。购买内容方面，随着消费水平的提高，农村居民的年货清单逐渐从穿拓展到吃、住、用、玩等领域，服装占比逐年降低，消费结构走向成熟。2017 年，数码家电和食品是农村居民年货的主要内容，两者占了农村居民网购年货消费的近五成，其次是服装和居家家具。

目前，关于网上购物方面的文献的研究对象主要是城镇居民，[②] 也有部分研究聚焦于大学生的网上购物行为。[③] 农村居民网上购物方面，顾丽萍指出，我国农村网上购物消费表现出农村网上购物以移动无线终端消费为主，农村网上购物消费主体更加年轻化，以及农村网上购物以生活

---

① 数据来源于 http://www.100ec.cn/zt/wllsbg/。
② 张黎：《网民传统的网下购物习惯与其网上购物行为的关联性及其实践意义》，《管理科学》2006 年第 2 期。汪明峰、卢姗：《替代抑或补充：网上购物与传统购物出行的关系研究》，《人文地理》2012 年第 3 期。
③ 李季、涂平：《大学生采用网上购物的过程及其影响因素研究》，《经济科学》2005 年第 1 期。周月书、黄健：《大学生网上购物意愿及影响因素分析——基于南京市大学生的调查》，《消费经济》2010 年第 5 期。汪明峰、卢姗：《替代抑或补充：网上购物与传统购物出行的关系研究》，《人文地理》2012 年第 3 期。冯亮：《大学生网购特征与网购满意度影响因素研究》，《中国青年研究》2017 年第 1 期。

消费品为主三大特征。[①] 学者指出了目前我国农村居民网上购物消费的短板因素，包括网上购物观念滞后、网上购物习惯偏弱甚至缺失、支付方面的知识未普及、服务网点未全面覆盖、物流配送系统不健全等。[②] 肖伟、郭小花则分析了我国西部农村网上购物与物流配送现状并指出，西部地区农村网上购物基础设施缺乏，虽然个人购买能力提升进一步刺激了网上购物的欲望，但是网络技能素质普遍不高，此外，西部地区农村网上购物还存在物流配送覆盖率低等问题。[③]

当前的研究内容中主要包括网上购物的满意度及其影响因素、[④] 行为决策[⑤] 以及网上购物行为的影响因素。[⑥] 而对网上购物的影响因素的研究主要聚焦于以下几方面。

① 顾丽萍：《我国农村网购消费的特征》，《经济研究参考》2017 年第 12 期。
② 顾丽萍：《我国农村网购消费的洞察：特征、短板及优化策略》，《改革与战略》2016 年第 12 期。屈剑虹：《农村居民网上购物消费行为的影响因素分析——基于温江区永宁镇的实证分析》，《经贸实践》2015 年第 11 期。
③ 肖伟、郭小花：《"新常态"背景下我国西部农村网上购物与物流配送体系构建研究》，《全国商情·理论研究》2015 年第 16 期。
④ 张圣亮、李小东：《网上购物顾客满意度影响因素研究》，《天津大学学报（社会科学版）》2013 年第 2 期。Szymanski D. M. and Hise R. T., "E-satisfaction: an initial examination." *Journal of Retailing*. 76,3(2000)，pp. 309–322. Yoon S. J., "The antecedents and consequences of trust in online-purchase decisions," *Journal of Interactive Marketing*, 16,2(2002)，pp. 47–63. 王旭杰：《宁夏电商扶贫政策发展路径研究》，《宁夏社会科学》2017 年第 S1 期。
⑤ 李双双、陈毅文、李江予：《消费者网上购物决策模型分析》，《心理科学进展》2006 年第 1 期。周耿、卜茂亮、王宇伟：《用户经验与羊群行为——基于网上购物的实证研究》，《山西财经大学学报》2013 年第 3 期。
⑥ 李季、涂平：《大学生采用网上购物的过程及其影响因素研究》，《经济科学》2005 年第 1 期。周升书、黄健：《大学生网上购物意愿及影响因素分析——基于南京市大学生的调查》，《消费经济》2010 年第 5 期。何其帼、林梅华：《网上购物行为影响因素实证研究》，《经济管理》2006 年第 10 期。程华、宝贡敏：《网上购物意向决定因素的实证研究》，《数量经济技术经济研究》2003 年第 11 期。夏德峰、胡冰川、刘莉：《网上购物意愿的影响因素分析——基于江苏省 13 市的经验证据》，《南京农业大学学报（社会科学版）》2006 年第 1 期。

年龄因素方面，一些研究表明，消费者购买商品和服务的年龄和互联网使用之间可能存在直接关系。[①]Lohse 等指出年轻人是网上购物的主力军，[②]王克喜、戴安娜指出消费者的年龄对绿色生鲜农产品网购意愿具有显著负向影响。[③] 这导致了本研究的假设 1。

假设 1：农户网上购物行为受年龄影响，且年龄与网上购物行为呈非线性关系，网上购物行为随着年龄呈倒 U 形变化。

教育因素方面，第一，受教育程度影响了人们对互联网的使用频次，使用互联网 3 年以上的消费者中，有 49% 受过大学教育。第二，教育影响消费者使用互联网进行购物。[④] 第三，虽然，随着时间的推移，互联网消费者的受教育水平也有所下降，然而，鉴于本研究中的人口是农村消费者——一个可能服务不足的市场主体，教育可能会继续影响其互联网消费的行为。综上，本文提出假设 2。

假设 2：农户网上购物行为与受教育年限之间具有显著的正相关关系。

收入因素方面，收入对互联网购物行为的影响基于两

① Donthu, N., " The Internet shopper." *Journal of Advertising Research*, 39,3 (1999), pp. 52–59. Lee, M. and Johnson, K. K. P., "Exploring differences between Internet apparel purchasers, browsers, and non–purchasers." *Journal of Fashion Marketing and Management*, 6,2 (2002), pp. 146–157. Sultan, F., "Consumer response to the Internet: an exploratory tracking study of on–line home users." *Journal of Business Research*, (2002), pp. 655–663.

② Lohse, G. L., Bellman, S. and Johnson, E. J., "Consumer buying behavior on the Internet: findings from panel data." *Journal of Interactive Marketing*, 14,1 (2000), pp. 15–29.

③ 王克喜、戴安娜：《基于 Logit 模型的绿色生鲜农产品网购意愿的影响因素分析》，《湖南科技大学学报（社会科学版）》2017 年第 2 期。

④ Burroughs, R. E. and Sabherwal, R., "Determinants of retail electronic purchasing: a multi–period investigation." *INFOR*, 40,1(2002), pp. 35–56.

个方面，一方面，收入越高意味着拥有越多的购买消费品的资源，收入影响人们对互联网的接入和使用；[①]另一方面，收入越高意味着拥有更多的资源可用于互联网技术和升级访问，网上购物者的收入也相对较高。[②]因此，本文提出假设3。

假设3：农户网上购物行为与收入之间具有显著的正相关关系。

性别方面，在网上购物行为中，女性的主观购物意愿要高于男性，因为与男性相比，女性有更多的闲暇时间可以进行网络搜索与比较。[③]于是本文提出假设4。

假设4：女性的网上购物意愿要高于男性。

此外，在农村居民接受和采纳网购的过程中，城镇居民通过城镇化对农村居民起到明显的直接和间接示范效应。直接示范效应取决于农村进城就业流动人口所从事职业的对外联系程度，城镇化还借助农村进城就业流动人口，通过农户家庭内部传播和农村社区扩散产生间接示范效应。[④]

[①] Bucy, E. P., "Social access to the Internet." *Harvard International Journal of Press/Politics,*5, 1(2000)，pp. 50–61. Burroughs, R. E. and Sabherwal, R., "Determinants of retail electronic purchasing: a multi-period investigation." *INFOR*, 40,1(2002)，pp. 35–56.

[②] Donthu, N., " The Internet shopper." *Journal of Advertising Research.* 39,3 (1999)，pp. 52–59. Ebenkamp, B., "Dressed to URL." *Brandweek*, 40,12 (2000)，pp. 28. Lee, M. and Johnson, K. K. P., "Exploring differences between Internet apparel purchasers, browsers, and non-purchasers." *Journal of Fashion Marketing and Management*, 6,2 (2002)，pp. 146–157.

[③] 夏德峰、胡冰川、刘莉：《网上购物意愿的影响因素分析——基于江苏省13市的经验证据》，《南京农业大学学报（社会科学版）》2006年第1期。李伟、傅嘉熙、孙亮：《县域农村居民网上购物行为及特点分析》，《商业时代》2016年第9期。

[④] 徐志刚、周宁、易福金：《农村居民网络购物行为研究——对城镇化消费示范效应假说的检验》，《商业经济与管理》2017年第1期。

有研究指出，由于养成了网上购物消费习惯，返乡农民工仍然习惯于通过网上购物，可以肯定地说，进城农民工拉动了农村的网上购物消费，是农村网上购物的主体。[1]综上，本文提出假设5。

假设5：农户网上购物行为与外出务工经验之间具有显著的正相关关系。

第二节　数据来源及样本统计

为了考察农户网上购物行为特征及影响因素，本研究进行了针对农户网上购物的问卷调查。此次调查的总体是甘肃省陇南市徽县文池村和武都区孙家湾村居民。样本的选取采用随机抽样方法，共发放问卷250份，进行调查。剔除填写不规范等无效问卷，有效问卷240份，调查时间为2017年5月。

本次调查的两个样本村均地处山区，文池村距县城9公里，距乡政府驻地11公里，有4个村民小组164户649人，其中劳动力350人。孙家湾村距县城120公里，距乡政府驻地6公里，有3个村民小组104户386人，其中劳动力243人。

---

[1]　张艳萍：《中国农村网购消费现状与引导策略——以淘宝网农村网购为例》，《福建工程学院学报》2016年第2期。阿里研究院：《一张图读懂农村网购》，http://www.aliresearch.com/blog/article/detail/id/19792.html。

目前，两个样本村中拥有电脑的农户非常少，其中，文池村全村仅有 5 户家中拥有电脑，其中 3 户电脑已联网，而孙家湾村则没有农户拥有电脑。智能手机拥有量方面，文池村拥有智能手机人数为 370 人，占比 57.01%，孙家湾村拥有智能手机人数为 320 人，占比 82.9%。文池村手机信号覆盖范围为 100%，而孙家湾村只有 50%。随着农村电商市场的火热，移动端相比 PC 端具有更便宜的设备和更便捷的操作特征，将占有越来越重要的地位。

在受访者中，男性为 156 位，占比 65%，女性 84 位，占比 35%；已婚者 178 位，占比 74.17%，未婚者 62 位，占比 25.83%。受访者平均年龄 47.87 岁，其中，分为 25 岁以下、25~35 岁、35~45 岁、45~55 岁、55 岁及以上五个区间，样本量分别为 15 份、57 份、73 份、64 份和 31 份。样本农户年人均纯收入为 6259.73 元，其中，分为 500 元以下、500~1000 元、1000~1500 元、1500~2000 元、2000 元及以上五个区间，样本量分别为 118 份、82 份、22 份、12 份和 6 份。受访者的受教育水平分为文盲、小学、初中、高中（或相当学历）、大专及以上五种，样本量分别为 29 份、98 份、68 份、36 份和 9 份。

在样本农户中，有 63 位受访者曾经有过网上购物经验，占样本农户的 26.25%。其中大部分受访者网上购物是自己完成的，占比 90.48%，仅有 9.52% 的受访者网上购物是由他人（包括村淘）代劳的。

调查发现，"物美价廉"是目前农户选择网上购物的主要原因。受访者常用的购物渠道主要是淘宝和微信，分别占比 93.65% 和 36.51%。网上购物设备主要是手机，占比 95.24%，仅有 4.76% 的受访者使用台式电脑。网上购物的内容主要包括衣服、箱包、日用品和化妆类产品。

2016 年，样本网上购物平均消费金额为 869.47 元，但是，样本差异较大，消费金额为 100~5000 元不等。

网上购物感受方面，受访者对网上购物商品的质量平均评分为 8.43 分，网上购物服务质量评分为 8.01 分，由于陇南市地处山区，交通和物流相对不发达，因此，物流满意度打分较低，仅为 5.59 分。

总体上看，农户不选择网上购物的主要原因是对网上购物不了解。在没有网上购物经验的 177 位受访者中，因"不懂得怎么网上购物"而不选择网上购物的占 93.22%；由于"不相信网上购物，容易被骗"而不选择网上购物的占 6.21%；认为网上购物"流程麻烦"而不选择网上购物的占 9.6%。

第三节　模型和变量选择

一　变量的引入及说明

1. 因变量

根据研究目的，本模型的因变量为农户的网上购物经历，是二分变量，即"有网上购物经历"赋值为 1，"无网上购物经历"赋值为 0。

2. 自变量和预期变动方向

本研究的自变量包括性别、年龄的平方、文化程度、人均纯收入、近五年内是否有外出务工。此外，本文添加家庭人口数和婚姻状况为控制变量。自变量和控制变量的含义、变量赋值与取值、预计变动方向及描述性统计分析结果如表5-2所示。

表5-2 变量的含义及描述性统计分析结果

变量名称	变量赋值与取值情况	预计变动方向	均值	标准差
性别	男 =1；女 =0	–	0.564	0.489
年龄的平方	[256，4225]	–	2396.067	1026.945
文化程度	文盲 =1；小学 =2；初中 =3；高中（中专、技校）=4；大专及以上 =5	+	2.292	0.893
人均纯收入	样本家庭 2016 年人均纯收入	+	6259.729	6197.084
近五年内是否有外出务工	有外出务工 =1；无外出务工 =0	+	0.458	0.500
家庭人口数	家庭人口数（人）	——	3.975	1.520
婚姻状况	已婚 =1；未婚 =0	——	0.825	0.382

二 理论模型

许多学者选择二元选择模型来分析网上购物意愿与影响因素。[1] 对于调查结果，本研究也使用二元选择模型进行分析。本文模型的因变量为农户网上购物行为选择，有

---

[1] 李季、涂平：《大学生采用网上购物的过程及其影响因素研究》，《经济科学》2005 年第 1 期。夏德峰、胡冰川、刘莉：《网上购物意愿的影响因素分析——基于江苏省 13 市的经验证据》，《南京农业大学学报（社会科学版）》2006 年第 1 期。周月书、黄健：《大学生网上购物意愿及影响因素分析——基于南京市大学生的调查》，《消费经济》2010 年第 5 期。

"有网上购物经历"和"无网上购物经历"两种情况，是二分类选择变量，因此本文建立二元 Logistic 回归模型分析农户网上购物选择行为的影响因素。模型设定如下。

$$p_i = F(\alpha + \sum_{i=1}^{n} \beta_i x_i) = \frac{1}{1 + e^{-(\alpha + \sum_{i=1}^{n} \beta_i x_i)}} \tag{1}$$

在（1）式中，p 代表农户网上购物行为选择。当农户选择网上购物时 $p=1$；反之，则 $p=0$。p_i 代表农户选择网上购物行为的概率；$x_i(i=1,2,\cdots,n)$ 为可能影响农户网上购物行为选择的因素。

（1）式中 α 为常数项，$\beta_i(i=1,2,\cdots,n)$ 是自变量的回归系数。农户选择网上购物的概率和不选择网上购物的概率的比值 $(\frac{p_i}{1-p_i})$ 为事件发生比。对（1）式进行对数变换，得到 Logistic 回归模型的线性表达式：

$$\ln(\frac{p_i}{1-p_i}) = \alpha + \sum_{i=1}^{n} \beta_i x_i \tag{2}$$

第四节　模型估计结果与分析

本文通过建立 Logistic 回归模型来分析农户网上购物行为选择的影响因素。从回归结果看，模型集合情况较好，具体如表 5-3 所示。可以看出，文化程度、人均纯收入和近五年内是否有外出打工对农户是否选择网上购物有显著的正向作用；性别、年龄的平方对农户是否选择网上购物有显著的负向作用。也就是说，这五种因素是影响农户是否选择网上购物的主要因素。而家庭人口数和婚姻状况未通过检验。

表 5-3　农户网上购物行为影响因素模型估计结果

影响因素	系数	标准误	Z 统计值
性别	−0.9684*	0.7444	−1.301
年龄的平方	−0.0017***	0.0004	−4.2672
文化程度	0.6632**	0.3356	1.9763
家庭人口数	0.0924	0.2027	0.4557
婚姻状况	0.0562	0.8081	0.0695
人均纯收入	0.0004***	0.0001	3.7482
近五年内是否有外出务工	0.0505**	0.5767	2.087
常数项	−1.5685	0.4720	0.431
负 2 倍对数似然函值		−45.75	
Nagelkerke R^2		0.6418	

注：***、** 和 * 分别表示 1%、5% 和 10% 显著性水平。

在给定显著性水平 a=1% 时，年龄的平方对农户网上购物行为的影响系数为 −0.0017，年龄的平方对农户网上购物行为的影响非常显著，且呈负相关关系，同假设 1 相吻合，因此假设 1 成立。也就是说，随着年龄的增加，农户选择网上购物的可能性也会增加，但是，当超过某一阶段后，农户选择网上购物的可能性随年龄的增加而下降。

在给定显著性水平 a=5% 时，文化程度对农户网上购物行为的影响系数为 0.6632，文化程度对农户网上购物行为的影响非常显著，且呈正相关关系，同假设 2 相吻合，因此假设 2 成立。也就是说，随着文化程度的增加，农户选择网上购物的可能性也会增加。

在给定显著性水平 a=1% 时，人均纯收入对农户网上购物行为的影响系数为 0.0004，人均纯收入对农户网上购物行为的影响非常显著，且呈正相关关系，同假设 3 相吻合，因此假设 3 成立。也就是说，随着人均纯收入的增加，农户选择网上购物的可能性也会增加。

在给定显著性水平 a=10% 时，性别对农户网上购物行为的影响系数为 –0.9684，性别对农户网上购物行为的影响非常显著，且呈负相关关系，同假设 4 相吻合，因此假设 4 成立。也就是说，女性选择网上购物的可能性高于男性。

在给定显著性水平 a=5% 时，近五年内是否有外出务工对农户网上购物行为的影响系数为 0.0505，外出务工经验对农户网上购物行为的影响非常显著，且呈正相关关系，同假设 5 相吻合，因此假设 5 成立。也就是说，在我国城乡人口频繁流动的背景下，有外出务工经历的农户逐渐接受和模仿城镇居民的消费习惯和消费方式，这些农户选择网上购物的可能性更高。

第五节　相关政策建议

通过对调研数据统计分析和模型估计，本文提出以下建议。

第一，促进农村劳动力向城镇的进一步流动，通过增加农村居民收入和促进人力资本水平的提升来提高农村居民网上购物的使用率，并在接受和掌握网上购物技能后，将感受和认知传递回农村。此外，应实行大学生返乡就业优惠政策，提升农村文化水平。增加劳动力流动性还可以增加进城打工的农户通过在城市的社会关系而产生的农产品微商销售量。

第二，由于教育对农户选择网上购物具有显著的正向影响，且样本农户不选择网上购物的原因主要是对网上购物不了解，因此，应加强互联网应用方面的基础教育，提高农村居民对互联网及网上购物的了解度。一方面，增加互联网应用的相关培训；另一方面，应完善农村教育硬件设施，创立新媒体，加强农村义务教育阶段电脑及互联网应用等方面的教育。

第三，农村居民不选择网上购物的原因主要是对网上购物及流程不了解，应通过村淘、电商下乡巡回宣传等多种渠道来推广农村网上购物，提升农村居民的网络认知度和接受度，普及网上购物使用方法，提高农村网上购物的使用率。此外，可以在县乡村建设服务中心、服务站。配置终端网购设备和导购员提供帮助农户完成下单、支付和配送地址填报等一站式服务，甚至包括农户的售后反馈等。

第六章

农户开展电商经营的意愿
及影响因素

马泽波基于对红河哈尼族彝族自治州 13 个县 26 个村庄 630 个农民的调查数据，从农户禀赋和区域环境视角，分析农民参与电商扶贫的意愿及其影响因素，发现，不同禀赋因素对农民参与意愿的影响存在异质性，受教育程度越高，参与意愿越强烈，收入水平越低，参与概率越大；电商物流体系完善，农业适度规模经营，农产品标准化程度高，政府大力推动等都有助于激励农民参与。[①] 张益丰使用大樱桃主产区 241 位果农的实地调研数据，分析影响普通种植户参与电商销售意愿的影响因素。实证结果显示，农户种植规模、物流便利程度、接受电商培训经历、网购经验均有助于提升普通小农户参与电商销售的意愿，

---

① 马泽波：《农户禀赋、区域环境与电商扶贫参与意愿——基于边疆民族地区 630 个农民的问卷调查》，《中国流通经济》2017 年第 5 期。

而农户加入农民合作社将降低小农户参与电商的意愿。[①]
杨燕等以农产品电子商务平台为例，以潍坊寿光市 130 位
农户为调查对象，运用多项 Logistic 模型分析影响农户网
上销售农产品意愿的因素。通过数据分析得出，农户在渠
道决策时受产品运输距离远近，购买方对产品品质要求、
农药残留要求因素的影响。[②]

孙家湾村经营电子商务的农户仅有 1 家，本研究针对
孙家湾村未经营电子商务的劳动力进行了电子商务经营意
愿调查，调查对象是孙家湾村 16 ~ 65 周岁的居民。样本
的选取采用随机抽样方法，共发放问卷 120 份，收回有效
问卷 120 份，调查时间为 2017 年 5 月。

在受访者中，男性为 52 人，占比 43.33%，女性 68 人，
占比 56.67%；已婚者为 78 人，占比 65%，未婚者为 42 人，
占比 35%。从受访者平均年龄来看，25 岁以下、25~35 岁、
35~45 岁、45~55 岁、55 岁及以上五个区间，样本量分别
为 4 份、11 份、25 份、49 份和 31 份。将样本农户年人
均纯收入分为 500 元以下、500~1000 元、1000~1500 元、
1500~2000 元、2000 元及以上五个区间，样本量分别为
51 份、39 份、21 份、5 份和 4 份。受访者的受教育水平，
分为文盲、小学、初中、高中（或相当学历）、大专及以
上五种，样本量分别为 17 份、45 份、39 份、17 份和 2 份。

在对"未开展电商经营的原因"的调查中，笔者发

---

① 张益丰：《生鲜果品电商销售、农户参与意愿及合作社嵌入——来自烟台大樱桃产区农户的调研数据》，《南京农业大学学报（社会科学版）》2016 年第 1 期。
② 杨燕、高敏、李军：《电子商务平台在农产品销售中的作用探究——对潍坊寿光市农户的调查分析》，《天津农业科学》2016 年第 22 期。

现，20% 的劳动力认为自己"不需要"电子商务经营，10.83% 的劳动力认为"需要，但是没有好的经营项目"，69.17% 的劳动力认为"需要，但是不懂网络技术"。

在对"是否需要电子商务培训"的调查中，笔者发现，35% 的劳动力认为自己"需要此方面培训"，其余 65% 的劳动力则认为"不需要相关培训"。

在对"农村电子商务发展的阻力因素"的调查中，笔者发现，18.33% 的劳动力选择了"农村电子商务人才短缺，技术难控制"，32.5% 的劳动力选择了"农村互联网普及度不高"，50% 的劳动力选择了"物流不发达"。

总体上看，农户电商经营意愿较强烈，而影响农户电商经营意愿的主要原因是农户对网络技术的匮乏，农户认为农村电商发展的主要障碍是人力资源不足和基础设施不完善。

第七章

结论及政策建议

第一节　陇南电商扶贫模式总结

陇南把发展电子商务作为推进精准扶贫方式改革的重要举措,以开展全国电商扶贫试点为契机,大力推进电商扶贫工作,探索形成了"一店带一村"等多种网店带贫模式,初步形成了线上线下互动、农户客户直通、增收增智并重的电商扶贫格局,被称为贫困地区电商发展的"陇南模式"。2015年,陇南市被国务院扶贫办和甘肃省扶贫办确定为电商扶贫试点市,试点工作顺利实施,陇南市也因此荣获了"2015中国消除贫困创新奖"。2016年9月24日,全国电商精准扶贫现场会在陇南召开,10月16日在全国电商精准扶贫论坛上,陇南市被国务院扶贫办授予"电商扶贫示范市"荣誉称号。在国务院第三次大督查中，国务院第十四督查组将陇南市"电商扶贫"的做法列为典型经验。

从调研中可以看出，陇南电子商务扶贫模式是在市场化操作的前提下，通过"互联网+"促进农户经营方式转变，发展当地特色产业，降低农产品在销售环节的成本，在保证经济利益的前提下提高农户生产的积极性。从效果上来看，农户特别是贫困户的经济利益得到保障，辐射和带动面积不断增加，销量不断提高，电子商务不仅开辟了农产品销售的新渠道，催生了流通服务的新业态，拓宽了农民增收的新空间，而且传播了"互联网+"的新理念，搭建了创业创新的新平台，探索了精准扶贫的新路子，增添了同步小康的新动力，为电商扶贫提供了一个较好的范本。综合前文所述，本书总结了陇南电商扶贫模式的几个特点。

一 政府强大的扶持力度

"陇南模式"与"沙集模式"不同的是，"沙集模式"的发展路径是农民自发开网店→细胞裂变式复制→网销带动工业→其他产业元素跟进→激发更多的网商创新→产业链不断拓展→规模迅速扩张。① 而"陇南模式"则是政府推动型，该模式的成功离不开政府强大的支持力度。政府支

---

① 储新民、李厚廷：《农业电子商务的发展机制——基于"沙集模式"的拓展》，《价格月刊》2013年第12期。

持体现在两个方面。

1. 完善的政策体系

陇南市政府不仅将电子商务扶贫纳入扶贫工作战略布局，政府各部门还科学地进行了分工，工商、税务、金融等部门各自出台了相应的配套政策，协同战略布局完成电商扶贫工作，充分发挥电商扶贫作用。

以陇南的金融配套措施为例，一是，中国人民银行兰州中心支行指导陇南开展金融支持电商扶贫试点工作，制定下发了《关于金融支持陇南电商扶贫的意见》，引导全省金融机构加大对陇南电商精准扶贫的政策倾斜和支持力度，为金融机构服务电商扶贫提供了行动指南。二是，市政府发布了《陇南市人民政府办公室关于再就业小额担保贷款支持电子商务创业的通知》，将电子商务创业贷款纳入再就业小额担保贷款的范畴，积极为电商创业融资开辟绿色通道。截至 2016 年 3 月末，全市发放电商贷款 142 笔 4.08 亿元，其中物流企业贷款余额 7 笔 3.2 亿元，电商企业贷款余额 15 笔 6750 元，电商个体贷款余额 120 笔 2035 万元。此外，陇南市还配套出台实施方案，确定了信贷支持、支付服务优化、电商信用建设、跨境电商外汇服务和统计监测与共享机制建设 5 个专项行动，健全了金融支持电商扶贫的金融服务体系。三是，陇南市金融机构积极研发推广专项电商扶贫信贷产品，针对从事电商发展的城乡创业青年、小微企业及个体，从供应链、物流、资金流和信息流四个层面入手，以网上电商交易量为主要依据，量身打造了电商创业贷、电商信用卡、工商银行"融e贷"、建设银行"善融贷"、"e路通"等多款专项信贷产品。为解决陇南特色农产品种植分散，先收购再销售资金缺口的现实困难，甘肃银行陇南分行主动与陇南电商企业对接，创新推出"e贷易"信贷产品，采用电商企业联贷联保、"协会＋电商"等多种抵押担保模式，先后支持陇南油橄榄、茶业、中药材等龙头加工企业及电商37家，信贷支持近1.5亿元，直接受益农产品种植户4000户。四是，陇南市金融机构探索推出了"电商产业链企业＋资金池担保"、"电商＋合作社＋农户"、"电商＋协会＋农户"和会员联贷联保等组合抵押担保模式，增强了电商产业链上各类组织的融资能力。同时，为适应电商发展的金融服务需求，陇南市金融机构还加大自助设备布放力度。截至2016年末，全市布设自助服务设备达到5557台，同比增长23%。五是，创新开展保险业助推精准扶贫工作。陇南市政府与市人保财险分公司签订了"保险扶贫合作框架协议"，达成协作意向，联合制定下发了《陇南市保险业助推精准扶贫精准脱贫工作的实施意见》和《保险助推精准扶贫融入电商扶贫综合服务点工作实施方案》。2017年4月，陇南市人民政府与中国人保财险甘肃省分公司签订"中国人保助推陇南电商扶贫示范区建设合作协议"，为陇南电商创业者提供"双创贷"资金支持及综合保险保障，并与电商共建保险农村网点。

2.政府强大的宣传力度

陇南市高度重视利用新媒体进行宣传，坚持把"新媒体营销"作为宣传推介贫困乡村特色资源、打造电商扶贫名片、实现电子商务集中突破的"助推器",充分发挥电子商务的宣传促销和增值作用,不断扩大陇南特色农产品的知名度和影响力。全市共开通政务微博 2690 个、政务微信公众平台 180 个、政务网站 385 家、商业网站 27 家,培育了一批知名博主和"陇南美"等影响较大的自媒体。市、县、乡、村广大干部带头,利用微博、微信等新媒体广泛宣传推介电子商务知识和特色农产品,通过微博、微信组成的"微媒体矩阵",通过挖掘产品特色和文化内涵讲故事、自编微视频等方式,推广特色产品,宣传良好生态、旅游产品民俗文化,品牌效应不断增强。

二 完善的规划

如果电商扶贫仅有概念上的规划,而没有相关各个方面完整的规划,那么电商扶贫将仅仅停留在规章制度层面,无法将电商的扶贫力量真正释放出来。陇南电商扶贫规划相对完善,对提升扶贫效果起到了关键作用。第一,陇南电商扶贫有完整的机构规划,打造了市、县(区)、乡(镇)、村四级电商扶贫推进服务体系,有利于宏观和微观把握农村电商扶贫的关键因素并及时反馈和解决问题。第二,陇南基础设施规划和改造为电商扶贫提供了先决条件,陇南地处山区,交通不便利和网络不发达制约了陇南的经济发展,要解决贫困问题,首先要解决基础设施问题,路网改造为电商扶贫提供了基础条件。第三,针对陇南的特色产业规划和政策是农户参与的关键因素。陇南生物资源丰富，品质优良，如何有效开发和利用这些资源，为农户开拓脱贫道路是电商扶贫的主要问题。对此，陇南全面启动产业扶贫"四个100"工程，起草印发了《陇南市实施"四个100"农村发展工程深入推进农业供给侧结构性改革的意见》，将扶贫产业培育和乡村旅游、电商发展、市场机遇等紧密结合在一起，推进一、二、三产业深度融合。第四，完整的培训体系是电商扶贫可持续进行的保障。政府不仅对电商专干进行培训，为店铺的前期设计做好相关准备，还为经营电商的农户进行拍照、上货等方面相应的技术培训，保证了电商扶贫的可持续性。第五，合理的网店布局保障了经营绩效。与浙江淘宝村的情况不同，针对农业的电子商务不宜大规模开展，容易造成恶性竞争和不必要的资源浪费，且不利于当地农产品品质提升和产业发展。目前，陇南"一店带一村"模式经营绩效和效率相对较高，且有逐步向"一店带多村"的趋势发展。

三 强化基础设施建设

电子商务在硬件上需要两方面的支持，即物流与网络。在我国农村，特别是山区，网络相对不发达，制约了农户网络信息搜索和网上购物，降低了农村开展电子商务的可能性。陇南地处秦巴山区，也面临同样的问题。为解决这一问题，各县（区）采取政府补助的办法提高农村互联网覆盖率，支持网络运营商加快通村网络建设步伐，对有开办网店需求的村，优先架通宽带网络，在重点景区、饭店，政府投资开通了无线网络，方便游客上网。

物流方面，一方面，陇南市不断修建高速公路，包括武罐高速、成武高速、十天高速等；另一方面，增加物流服务供给，提升物流服务品质，发展各类物流企业 237 家，设立快递服务站 800 家、村邮站 1200 个，大大提高了网货配送效率。

四　提高农户认知水平和技术水平的培训体系

第一，电商培训有一个依托机构，即陇南师专电子商务学院。陇南师专电子商务学院现占地面积 4000 平方米，集教学、科研、实训、运营于一体，建有甘肃省高等学校农村电商人才培养重点实验室 1 个、电商企业 4 家、快递企业 2 家，是全省唯一为支持地方经济社会发展、助力精准扶贫精准脱贫专门成立的"电子商务学院"。学院自 2015 年成立以来，借助陇南及成县电子商务的生态优势，按照"校地联动、校企合作"的办学模式，通过"外聘内培"，建设了理论和实操水平较高的电商讲师团，探索出"专家讲授、一线辅导，典型引领、观摩启发，重在实战、服务农村"的培训模式。自学院成立以来，甘肃省委组织部、团省委先后在学院设立了两个省级培训基地，现已完成各类电商实用人才培训 3000 多名，学院已成为全省最大的农村电商人才培训基地和全省精准扶贫精准脱贫人才培训的重要基地。当前，学院正承担全省最大的农村电商培训项目——省委组织部举办的全省"万名农村电商人才培训工程"。全省现有的 5000 名大学生村官分三年到学院轮训一遍，这将为全省农村电商发展和精准扶贫精准脱贫工作提供强有力的人才支持。

第二，除电商学院以外，陇南市还选派未就业大学生、大学生村官、村干部、普通村民到浙江等地进行观摩学习。

第三，受培训的电商扶贫专干在乡镇也承担了对农户进行培训的工作。电商培训专干在受训后，在乡镇和农村用农民听得懂的方式来讲解电商经营的技术知识，并传达和解释相关政策和措施。

五 鲜明有特色的优势产业

电子商务本质上是一种营销手段，而基础扎实、有鲜明特色的产业是农村电商发展的基石。陇南自然条件独特，复杂的自然禀赋构成了资源的多样性，天然地构成了发展特色产业得天独厚的优越条件。在陇南电商扶贫模式中，一方面，得天独厚的自然条件和物质资源让农户有能力开展特色农业生产和粗加工；另一方面，周边地区农户也可以提供相似品质的农产品，这为发展电商扶贫提供了产品基础，也是电商经营的原动力。本书认为这种扶贫模式可应用和推广在有能力开展特色农产品生产和加工、特色手工业生产等的农村贫困地区。

第二节　存在的问题和建议

一　8县1区发展不平衡，在规划阶段应更加注重区域平衡

按照统计数据来看，陇南农村电子商务布局存在区域不平衡的问题。第一，8县1区网店规模差异较大。截至2016年末，西和县网店数量达到1535家，在8县1区中位居首位，是网店最少的两当县的近4倍。同时，西和县也是有业绩的网店数量最多的县（区），是数量最少的成县的近6.5倍。此外，西和县也是有村官网店数量最多的县（区），是数量最少的两当县的7倍。第二，8县1区网店线上销售占比差异较大。2016年，武都区线上销售额占比最高，达到57.35%，两当县最低，仅为18.77%。第三，平均每家网店销售额差异较大。2016年武都区平均线上销售额达到57.3万元，位居首位，而两当县最低，仅为4.38万元。第四，8县1区物流快递布局不平衡，物流条件差异较大。从快递网点数量来考察，2016年末，陇南农村快递网点数合计186个，其中徽县占128个，远远高于其他县（区），其他县（区）网点数均未超过30个，而文县、宕昌和两当县则没有快递网点，如表7-1所示。

综上，可以看出，在8县1区中，两当县和成县农村电子商务在发展规模、经营业绩和物流条件等方面发展较为薄弱，在规划中应注重8县1区的平衡发展。

表 7-1 2016 年陇南 8 县 1 区农村电子商务发展情况

县（区）	网店数量（家）	有业绩网店数量（家）	村官网店数量（家）	线上销售（万元）	线下销售（万元）	线上销售比例（%）	平均线上销售（万元）	平均线下销售（万元）	快递网点数（个）
合计	10618	7440	755	124103.7	239534.54	34.13	16.68	32.20	186
西和	1535	1441	154	9375.32	18393.41	33.76	6.51	12.76	26
礼县	1420	1090	104	16820	23956	41.25	15.43	21.98	3
武都	1401	709	108	40623	30210	57.35	57.30	42.61	22
文县	1312	1048	112	10091.84	32782.62	23.54	9.63	31.28	0
宕昌	1300	983	84	14276.9	38000	27.31	14.52	38.66	0
康县	1173	988	55	8768	14500	37.68	8.87	14.68	5
徽县	1130	679	68	11563	35027	24.82	17.03	51.59	128
成县	920	224	48	11368.33	41397.17	21.55	50.75	184.81	2
两当	427	278	22	1217.26	5268.34	18.77	4.38	18.95	0

二 网络稳定性不够，网速仍需提升

调研发现，网络频繁掉线和缓慢是当前存在的重要问题之一。在对"农村电子商务发展的阻力因素"的调查中，笔者发现，孙家湾村 32.5% 的劳动力认为，"农村互联网普及度不高"是农村电子商务发展的阻力因素。这个问题，一是，影响农户网上购物的使用。调研发现，孙家湾村手机信号覆盖范围仅有 50%，有部分受访者指出，存在商家打折促销时却出现手机网络不稳定的问题，影响了下单和支付，只能取消该笔消费。二是，目前，陇南市农村电商网络平台主要包括淘宝和微信两种。使用淘宝交易和结算的电商大都通过台式电脑来实现，这要求保证宽带网络的稳定性和一定的运行速度。目前样本村没有光纤宽带，农户在用电脑上网时经常遇到卡、慢和断网的情况，农村电商与客户之间的沟通和交流受到影响，留言回复和订单处理的不及时很容易让顾客放弃购买。三是频繁掉线容易让顾客觉得电商服务态度不好，有可能给出差评。本研究建议应促进农村宽带提速，推进 5G 基站建设。因此，应促进农村宽带降费并加快推进 5G 基站建设，尽快实现农村 5G 全覆盖。

三 民营快递在农村领域仍有较大空白，需扩展多渠道物流体系

优质快速的物流体系是电商成功的关键因素之一。在对"农村电子商务发展的阻力因素"的调查中，笔者发现，

孙家湾村半数劳动力认为，"物流不发达"是农村电子商务发展的阻力因素。目前，物流是农村居民网上购物体验的短板，应着力解决农村物流"最后一公里"的问题。目前，从全国范围来看，由于快递业具有竞争性行业的性质，民营快递很少涉及农村，除了个别城市化进程较快的农村外，大多数广袤的农村递送文件及包裹大多仍只能通过邮政这个唯一渠道。[①] 由于陇南市地处山区，交通和物流相对不发达，因此，物流满意度打分较低。调研发现，样本村提供收发快递服务的物流公司只有中国邮政1家，其他快递公司的服务范围目前仅覆盖到乡镇中心，农户网上购买的商品若通过其他物流公司来运输，货物到达乡镇中心后，只能通过顺便进城的村民带回。这种情况不仅降低了网络购物的便利性，也限制了部分类别商品（如生鲜商品等）的消费。因此，首先，应加强农村物流基础建设；其次，鼓励民营企业开发利用农村闲置年轻劳动力和其交通工具，扩展物流人员的范围，直接从本乡或者本村招聘兼职和专职快递员，解决农村物流人才问题；最后，扩展多渠道物流体系，例如，利用客运车随车配送等。

四 电子商务规模小，没有形成品牌效应，应加大对外宣传力度，调整经营模式，打造本土品牌支撑农业升级

纵然网络时代划开时空界限，让"农产品卖出去"，

---

① 郭丹、左莉：《农村网购快递配送模式研究》，《江苏商论》2015年第10期。

但若缺乏强有力的品牌引领，要引起消费者足够兴趣并且使其下单，成功率很低。想要实现农特产品的长期利润增长，农村电商就必须学会为农特产品找出一条与众不同的出路——品牌化，即将农特产品打造成独具特色和个性的品牌产品，通过塑造品牌价值使其在众多同质化产品中脱颖而出，并由此打开市场。目前，陇南农村电商所售的大部分土特产是非标产品，大多数农产品还处于售卖原材料的阶段，这些无品牌的产品往往很难取得消费群体的信任。因此，在电商之风劲吹下，电商平台中既有让土特产"走出去"、年销量超千万的"皇冠"店铺；也有一入电商"深似海"，最终"养在深闺人未识"的无客流"僵尸店"。电商进入成熟期后，比拼的就是品牌和流量。在"互联网+"时代，网商不仅要推销"叫卖"，还要随时准备自己的"叫卖声"被淹没在无数市场参与者的"叫卖声"中。有研究认为，品牌认知度是影响消费者对收益的感知和购买意愿的最重要的正向因素。[①]

针对此问题，本书提出两方面建议。

1. 政府在前期品牌建设方面应提供大量的支持，来化解农村电商"叫好不叫座"的尴尬

第一，政府对外推广中应注重产品的地区品牌，例如，礼县苹果、赣南脐橙、阳澄湖大闸蟹等。让消费者将农产品与地区在大脑中本能地联系起来。第二，当下

---

① 陈欣：《电子商务视角下移动农产品消费者购买意愿研究》，《商业时代》2015年第13期。尹进：《消费者购买意愿视角下的农产品电子商务发展研究》，浙江财经大学博士学位论文，2016。

农村电子商务适宜集约型发展，每个乡村不易人人都搞电子商务，一方面容易造成无序竞争，另一方面无法实现规模效益，建议每个乡镇有1~2家为宜，电商按照市场需求向农户下订单，农户为电商提供符合要求的农产品。通过电商订单，政府引导农业生产向规模化、标准化转变，使电商出售的农产品品质、口感、外观、包装和价格统一，这样更容易赢得消费者信赖，为树立品牌提供基本保障。第三，各级政府部门应尽力拓展本土农产品宣传渠道。包括各级政府官方网站、政府微博、微信公众号等。

2.政府应引导农户调整经营模式，通过产业链分工来扩大经营规模

孙家湾村电商扶贫服务点的经营规模较小，经营模式主要还是单打独斗的"自产 + 多平台网销"，即网商将自己生产的产品在多个平台上网销，不同电商平台会对售卖的商品在品种和价格方面会进行相应的调整。政府应引导电商从目前单打独斗的"自产 + 多平台网销"经营模式逐渐向"订单 + 网销模式"转变，即通过与农民签订产品生产合同，网商在交易平台进行销售，再进一步向"共生模式"转变，即围绕主营产业，打造为主营产业服务的上下游业务。产业链的不同环节相互配合，形成对整体而言最优的组合模式。专业化的分工有利于各个生产环节节约成本，有利于售前、售中和售后服务的专业化，增强客户体验，更有利于电子商务带来的经济效益能合理地分配给参与的每一个农户。

五 农村居民对互联网及网络购物的认知不足，需增加宣传和培训

扩大农户网上消费规模有利于释放农村消费能力，有利于降低农户生产生活的经济和时间成本，还有利于物流发展和快递成本降低，因为只有当农村购销规模扩大，才能解决快递货车"满车来空车走"和"空车来满车走"的问题，有利于降低农户的物流成本。调研发现，与城市相比，农户选择网上购物的比例和人均年消费金额较低，"不懂得怎么网上购物"是阻碍农户网上购物的主要因素。

第一，应通过多种渠道来宣传网络的便利性和实用性，让农户了解网上购物的相关网站、商品内容、购物流程、支付类型、搜索方式，让农户对网上购物有基本概念和了解。第二，对于年龄较大的农户，确实无法自行操作手机和电脑的，通过设立村淘来代替传统小卖部帮助他们进行购物，并在此基础上对负责购物的人员支付合理的经济报酬。第三，对年龄较轻、容易接受网络购物的群体进行宣传和培训，让他们了解网络购物的相关技巧，进而促进该家庭户的网上消费行为。

六 金融服务创新不足

一方面，目前，陇南市缺乏针对电商的专项信贷产品。陇南市金融机构尚未研发出覆盖陇南电商以及网货供应、仓储物流、快递运输和综合服务平台建设等电商产业链的专项信贷产品和特色服务模式。另一方面，符合电商经营特

点的抵押担保方式创新不足，未将网上交易量和电商等级等反映电商发展的核心因素纳入授信考核范畴。农户既没有充足的抵押物，其社会资本也相对匮乏，没有公职人员担保，金融机构出于风险控制的考虑依然不能对其提供相应的信贷服务。此外，与城市居民相比，农村居民提供给金融机构可参考的信用数据较少（如信用卡刷卡记录、水电费记录以及交通违章记录等），银行无法准确评估此类客户的信用状况。

对于这类问题，本书提出以下建议。第一，农村电商的参与者大都是在城市有过打工经历或者自营电商的返乡人员，针对这些返乡人员应推行返乡创业贷款贴息制度，重点对农民工返乡创业的贷款给予贴息，对农民工创办的符合农业产业化贴息条件的企业，适当放宽贴息审批条件，优先给予贴息。对农民工在贫困地区创办的企业，符合扶贫贷款贴息条件的，优先给予扶贫项目贷款贴息。此外，在城市建立农民工信用体系，将农民在城市就业生活的微观行为转化成可计量的信用程度，为农民返乡创业贷款申请和发放提供可靠的依据，进而提高其可获得的授信额度。第二，针对电子商务的经营特点和现金流动特点，构建电商行业数据库，充分利用数据挖掘技术，开发适合电商的信贷产品。第三，拓展农村信用卡业务，解决农民返乡创业短期资金周转需求。第四，金融机构可以将返乡创业人员在正规消费借贷平台进行的信贷交易数据（如蚂蚁花呗、微信微粒贷、京东白条等）作为评估此类客户信用水平的依据之一，进而降低金融机构的信贷风险。

参考文献

阿里研究院:《一张图读懂农村网购》,http://www.aliresearch.com/blog/article/detail/id/19792.html。

白朋飞:《美英农业电子商务的发展应用》,《农业世界》2015年第1期。

陈的非:《城镇化背景下农业电子商务潜在风险及对策建议》,《农业经济》2015年第1期。

陈明泉:《新农村建设视角下农业电子商务风险及防范举措》,《农业经济》2014年第7期。

陈欣:《电子商务视角下移动农产品消费者购买意愿研究》,《商业时代》2015年第13期。

陈勇:《现代物流发展与我国农村物流体系的重构》,《农业经济问题》2006年第4期。

程华、宝贡敏:《网上购物意向决定因素的实证研究》,《数量经济技术经济研究》2003年第11期。

程凯、瞿艳平:《论我国农村居民的消费水平与消费结构》,《江汉论坛》2011年第4期。

储新民、李厚廷:《农业电子商务的发展机制——基于"沙集模式"的拓展》,《价格月刊》2013年第12期。

冯亮:《大学生网购特征与网购满意度影响因素研究》,《中国青年研究》2017 年第 1 期。

顾丽萍:《我国农村网购消费的洞察:特征、短板及优化策略》,《改革与战略》2016 年第 12 期。

顾丽萍:《我国农村网购消费的特征》,《经济研究参考》2017 年第 12 期。

郭承龙:《农村电子商务模式探析——基于淘宝村的调研》,《经济体制改革》2015 年第 5 期。

郭丹、左莉:《农村网购快递配送模式研究》,《江苏商论》2015 年第 10 期。

何其帼、林梅华:《网上购物行为影响因素实证研究》,《经济管理》2006 年第 10 期。

李海平、刘伟玲:《农村电子商务存在的问题与模式创新》,《陕西科技大学学报》2011 年第 2 期。

李厚廷、储新民:《发展农业电子商务的产业障碍及其克服路径》,《价格月刊》2013 年第 11 期。

李季、涂平:《大学生采用网上购物的过程及其影响因素研究》,《经济科学》2005 年第 1 期。

李双双、陈毅文、李江予:《消费者网上购物决策模型分析》,《心理科学进展》2006 年第 1 期。

李伟、傅嘉熙、孙亮:《县域农村居民网上购物行为及特点分析》,《商业时代》2016 年第 9 期。

李新平:《"e 商管家":农业银行电子商务服务模式创新策略》,《武汉金融》2013 年第 10 期。

李艳菊:《论我国农业电子商务发展动力机制与策略》,《求索》2015 年第 3 期。

刘根荣:《电子商务对农村居民消费影响机理分析》,《中国流通经济》2017 年第 5 期。

刘雯:《关于电子商务推动我国农村消费市场发展研究》,《农业经济》2015 年第 11 期。

卢迎春、任培星、起建凌:《电子商务扶贫的障碍分析》,《农业网络信息》2015 年第 2 期。

马隽:《农村电子商务发展与农村富余劳动力安置问题研究》,《中国农业资源与区划》2016 年第 2 期。

马泽波:《农户禀赋、区域环境与电商扶贫参与意愿——基于边疆民族地区 630 个农民的问卷调查》,《中国流通经济》2017 年第 5 期。

穆燕鸿、王杜春:《农村电子商务模式构建及发展对策——以中国黑龙江省为例》,《世界农业》2016 年第 6 期。

钮钦:《中国农村电子商务政策文本计量研究——基于政策工具和商业生态系统的内容分析》,《经济体制改革》2016 年第 4 期。

屈剑虹:《农村居民网上购物消费行为的影响因素分析——基于温江区永宁镇的实证分析》,《经贸实践》2015 年第 11 期。

任晓鸿:《电子商务背景下农村小微企业发展策略探讨》,《农业经济》2016 年第 2 期。

孙伟、许光建:《农村电商消费现状、问题与趋势》,《农业展望》2017 年第 2 期。

孙昕、起建凌、谢圆元:《电子商务扶贫问题及对策研究》,《农业网络信息》2015 年第 12 期。

汪明峰、卢姗:《替代抑或补充:网上购物与传统购物出行的关系研究》,《人文地理》2012 年第 3 期。

王克喜、戴安娜:《基于 Logit 模型的绿色生鲜农产品网购意愿的影响因素分析》,《湖南科技大学学报(社会科学版)》2017 年第 2 期。

王全春、周铝、龙蔚、陈骥:《我国农村电商扶贫研究述评》,《电子商务》2017 年第 3 期。

王旭、杨福军:《"双十一"期间网购顾客满意度研究》,《云南财经大学学报》2017 年第 3 期。

王旭杰:《宁夏电商扶贫政策发展路径研究》,《宁夏社会科学》2017 年第 S1 期。

韦宏:《以电子商务推进农业产业集群区域品牌的打造——以苏州休闲农业产业品牌为例》,《农业经济》2014 年第 3 期。

夏德峰、胡冰川、刘莉:《网上购物意愿的影响因素分析——基于江苏省 13 市的经验证据》,《南京农业大学学报(社会科学版)》2006 年第 1 期。

肖伟、郭小花:《"新常态"背景下我国西部农村网上购物与物流配送体系构建研究》,《全国商情·理论研究》2015 年第 16 期。

徐志刚、周宁、易福金:《农村居民网络购物行为研究——对城镇化消费示范效应假说的检验》,《商业经济与管理》2017 年第 1 期。

严学军、陈汉林:《关于网上购物的几点思考》,《湖北大学学报(哲学社会科学版)》2001 年第 5 期。

杨燕、高敏、李军:《电子商务平台在农产品销售中的作用探究——对潍坊寿光市农户的调查分析》,《天津农业科学》2016年第 22 期。

尹进:《消费者购买意愿视角下的农产品电子商务发展研究》,浙江财经大学博士学位论文,2016。

张黎:《网民传统的网下购物习惯与其网上购物行为的关联性及其实践意义》,《管理科学》2006 年第 2 期。

张圣亮、李小东:《网上购物顾客满意度影响因素研究》,《天津大学学报(社会科学版)》2013 年第 2 期。

张晓燕:《美日两国农业电子商务发展的经验与启示》,《经济纵横》2011 年第 9 期。

张艳萍:《中国农村网购消费现状与引导策略——以淘宝网农村网购为例》,《福建工程学院学报》2016 年第 2 期。

张益丰:《生鲜果品电商销售、农户参与意愿及合作社嵌入——来自烟台大樱桃产区农户的调研数据》,《南京农业大学学报(社会科学版)》2016 年第 1 期。

郑瑞强、张哲萌、张哲铭:《电商扶贫的作用机理、关键问题与政策走向》,《理论导刊》2016 年第 10 期。

郑新煌、孙久文:《农村电子商务发展中的集聚效应研究》,《学习与实践》2016 年第 6 期。

郑英隆、潘伟杰:《农村电子商务发展与村民信息消费成长效应》,《福建论坛·人文社会科学版》2015 年第 11 期。

郑英隆、田莎莎:《基于人力资本理论的信息消费内生增长战略研究》,《福建论坛·人文社会科学版》2014 年第 5 期。

周耿、卜茂亮、王宇伟:《用户经验与羊群行为——基于网上购物的实证研究》,《山西财经大学学报》2013 年第 3 期。

周建良:《"遂昌模式"农村电子商务发展策略研究》,《电子商务》2016 年第 1 期。

周月书、黄健:《大学生网上购物意愿及影响因素分析——基于南京市大学生的调查》,《消费经济》2010 年第 5 期。

朱家瑞、起建凌:《农村电子商务扶贫模式构建研究》,《农业网络信息》2015 年第 1 期。

朱君璇:《新农村建设视角下的我国农业电子商务发展策略》,《农业经济》2008 年第 11 期。

朱燕:《电商精准扶贫——互联网 + 农业背景下的扶贫新路径》,《经济研究参考》2017 年第 16 期。

Blakney,V. L. and Sekely,W., "Retail attributes: Influence on shopping mode choice behavior." *Journal of Managerial Issues*, 6, 1 (1994), pp.101-119.

Bucy, E. P., "Social access to the Internet." *Harvard International Journal of Press/Politics*, 5,1(2000), pp. 50-61.

Burroughs, R. E. and Sabherwal, R., "Determinants of retail electronic purchasing: a multi-period investigation." *INFOR*, 40,1(2002), pp. 35-56.

Donthu, N., "The Internet shopper." *Journal of Advertising Research*, 39,3 (1999), pp. 52-59.

Ebenkamp, B., "Dressed to URL." *Brandweek*, 40,12 (2000), p. 28.

Hawes, J. M. and Lumpkin, J. R., "Understanding the outshopper." *Academy of Marketing Sciences Journal*, 12,4 (1984), pp. 200-218.

Lee, M. and Johnson, K. K. P., "Exploring differences between Internet apparel purchasers, browsers, and non-purchasers." *Journal of Fashion Marketing and Management*, 6,2 (2002), pp. 146-157.

Lohse, G. L., Bellman, S. and Johnson, E. J., " Consumer buying behavior on the Internet: Findings from panel data." *Journal of Interactive Marketing*, 14,1 (2000), pp. 15-29.

Miller,N. J. and Kean, R. C., "Reciprocal exchange in rural communities: Consumers' inducements to inshop." *Psychology and Marketing*, 14,7(1997), pp. 637-661.

Pinkerton, J. R., Hassinger, E.W. and O'Brien, D. J., "Inshopping by residents of small communities." *Rural Sociology*, 60,3(1995), pp. 467-481.

Riecken, G. and Yavas, U., "A taxonomy of outbuyers: A new perspective." *International Journal of Retailing*, 3,1(1988), pp. 5-15.

Samli, A. C., Riecken, G. and Yavas, U., "Intermarket shopping behavior and the small community: Problems and prospects of a widespread phenomenon." *Journal of the Academy of Marketing Science*, 11,2 (1983), pp. 1-14.

Sultan, F., "Consumer response to the Internet: An exploratory tracking study of on-line home users." *Journal of Business Research*, (2002), pp. 655-663.

Szymanski D. M. and Hise R. T., "E-satisfaction: an initial examination." *Journal of Retailing*, 76,3(2000), pp. 309-322.

参考文献

—

Ward, Michael R., "Will Online Shopping Compete More with Traditional Retailing or Catalog Shopping?." *Netnomics,* 3,2(2001), pp.:103-117.

Worthy S. L. et al., "Rural consumers' attitudes toward the Internet for information search and product purchase." *Family and Consumer Sciences Research Journal*, 33(2004), pp.:517-535.

Yoon S. J., "The antecedents and consequences of trust in online-purchase decisions." *Journal of Interactive Marketing,* 16,2(2002), pp. 47-63.

后 记

　　目前，随着信息化时代的发展，脱贫攻坚的方式方法开始多样化。"互联网+"农业的最终目标是使农业从订单、融资、生产、销售、储存、运输到配送等环节，都有互联网大数据和物联网智能终端的有力支撑，使传统农业存在的问题得以有效解决。2015年，陇南市被国务院扶贫办和甘肃省扶贫办确定为电商扶贫试点市，试点工作顺利实施，陇南市也因此荣获了"2015中国消除贫困创新奖"。为深入了解陇南电子商务扶贫的政策体系、战略布局、扶贫模式、主要做法以及实际成效，2017年，研究团队赴陇南与市电商办和市扶贫办进行了座谈考察，并于孙家湾村开展实地入户访谈。

　　柯宓博士参与了全程实地调查工作，陇南电商办姚长宏主任和裕河镇张治书记为本项研究提供了各方面的帮助，本项研究从不少优秀学者已做的相关研究中受到了很大启发，本项研究还得到了很多人帮助，这里一并致谢。

作者

2020年7月于北京

图书在版编目（CIP）数据

精准扶贫精准脱贫百村调研. 孙家湾村卷：线上陇
南助力扶贫攻坚 / 陈方著. -- 北京：社会科学文献出
版社，2020.10
　　ISBN 978-7-5201-7509-8

　　Ⅰ.①精…　Ⅱ.①陈…　Ⅲ.①农村-扶贫-调查报告
-武都区　Ⅳ.① F323.8

中国版本图书馆CIP数据核字（2020）第208996号

·精准扶贫精准脱贫百村调研丛书·
精准扶贫精准脱贫百村调研·孙家湾村卷
　　——线上陇南助力扶贫攻坚

著　　者 / 陈　方

出 版 人 / 谢寿光
组稿编辑 / 邓泳红
责任编辑 / 宋　静

出　　版 / 社会科学文献出版社·皮书出版分社（010）59367127
　　　　　　地址：北京市北三环中路甲29号院华龙大厦　邮编：100029
　　　　　　网址：www.ssap.com.cn
发　　行 / 市场营销中心（010）59367081　59367083
印　　装 / 三河市尚艺印装有限公司

规　　格 / 开　本：787mm×1092mm　1/16
　　　　　　印　张：9　字　数：87千字
版　　次 / 2020年10月第1版　2020年10月第1次印刷
书　　号 / ISBN 978-7-5201-7509-8
定　　价 / 59.00元

本书如有印装质量问题，请与读者服务中心（010-59367028）联系